3486人のやる気を上げた
受験のプロしおり先生直伝

おうち受験コーチング

鈴木詩織

みらいPUBLISHING

はじめに

皆さんは子どもの頃、勉強が好きでしたか？

多くの方が、そうではなかったのではないでしょうか。あるいは、この本を手に取ってくださっているということは、あなたは学ぶことが好きな方なのかもしれません。

そういう私の子どもの頃はというと、勉強は好きでも嫌いでもありませんでした。時に問題が解けて嬉しい！　面白い！　と思うこともあれば、時に嫌になり、逃げたくなることもありました。

でも勉強は、常に私のそばにあって、お正月も、それ以外の日も、勉強しない日は１日もありませんでした。それは息を吸って吐くように当たり前で、社会人になってからも、学ぶことと実践することを止めることはありませんでした。

私はずっと、それがみんなにとっても当たり前のことだと思っていたのです。

どうも、はじめまして！

私は受験コンサルタントの鈴木詩織と申します。「おうち受験コーチング」というオンラインサービスを通して、小学生・中学生・高校生のお子さんと、その親御さんに向けて、「効率の良い学習方法」と「9つのタイプ別・やる気にさせる声がけ方法」をお伝えしています。

私がこのサービスを始めたのは、

「ただ勉強を教えるだけでは、子どもたちは伸びない！」

「勉強に向き合う姿勢や勉強のやり方から変えていくことが、子どもたちを伸ばす！」

と気付いたからです。

私自身は、小・中・高校と、家庭学習を中心に勉強しておりました。中学の時は学年1～2位をキープし、偏差値72の県立トップ校に進学しました。

でも、決して最初から勉強が得意だったわけではありません。

むしろ、幼少期は問題児で、特に小学3年生の頃は担任の先生と折り合いが悪く、叱られてばかりで、たびたび廊下に出されていました。

では、そんな私がなぜ真面目に勉強するようになり、中学では優等生と言われるようになったのでしょう。

きっかけは小学4年生の時の担任の先生でした。先生は、なぜか私のことを「あなたは、本当はできる子なのよ」と言ってくれたのです。私は半信半疑でした。問題ばかり起こし、叱られてばかりなのに「できる子」のはずがない。でも、何度も何度も繰り返し言われることで、「本当は、そうなのかもしれない」「先生の期待に応えたい」、そんな気持ちが生まれました。

それからです。私が、学校の課題やテストに真面目に取り組み、授業妨害(笑)をしなくなったのは。

でも、私には、勉強以外に好きなことがたくさんありました。音楽を聴いたり演奏したり、漫画を読んだり描いたり、外を探検したり。勉強ばかりに時間を取られて、好きなことができなくなるのは嫌だ！　そんな思いから、効率よく、そして楽しくできる学習方法を自分で研究するようになりました。その結果、好きなこともあきらめず、高い予備校代も払わずに国立大学に合格することができました。

一方で、大学から始めた家庭教師の仕事で目の当たりにしたのは、たくさんの子どもたちが、効率の悪い学習方法を行い、点数が上がらず、また勉強が嫌いになる、という悪循環でした。私はそれを見て、心底「もったいない！」と思いました。というのも、誰でも「成果が出るやり方」さえ知っていれば、成績を上げることができるからです。

効率の良いやり方を「知らない」だけで、子どもたちの豊かな才能が潰されてしまうのは、本人にとっても社会全体にとっても、もったいないと感じたのです。

研究してきた「効率の良い学習方法」をたくさんの子どもたちに伝えたいという思いで、家庭教師の派遣会社に就職しました。そこで首都圏・中京圏を中心に、３４８６組の家庭に訪問して、学習相談を受けました。
たくさんの家庭の中に入ったことで、新たに分かったことがあります。それは、勉強でもスポーツでも、子どもがのびのびと力を発揮している家庭と、そうでない家庭とでは、「声がけ」や「環境設定」がまったく違う、ということです。

そこで私は、「親の声がけ・環境設定の仕方」と「効率の良い学習方法」の両方をまとめた「おうち受験コーチング」のメソッドを体系化しました。

メソッドを取り入れた小・中・高校生は、多くの成果を上げることができました。

・勉強が嫌いだったのに、毎日ストレスなく勉強に取り組むようになった！
・１週間で80点が１００点になった！
・３か月で偏差値が27上がった！
・毎日進んで勉強するようになった！
・オール５が当たり前になった！

・毎回の定期テストで順位が20番ずつ上がっていった！
・学習時間は減ったのに成績が上がった！
・学校の先生も友達もビックリするような逆転合格を果たした！

やりたいこと・好きなことを我慢せず、親子関係も良好に保ちながら、トップ校合格レベルの家庭学習習慣を身につけるポイントを、この1冊にギュッとまとめています。必要なところだけ読んでくださっても良いですし、全部を読んで実践してくだされば、大きな成果が得られることと思います。

「成績最下位のお子さんに、トップ校合格レベルの家庭学習習慣が身につく」メソッドは、私自身が30年近く試行錯誤して築き、３４８６人に実践しながら、作り上げてきたものです。日本で他に教えられる人は、誰もいないように思います。

本書を通して、多くの親子さんの「今」と「未来」がより楽しく幸せなものになりますように！

第1章 学力が伸びる子と伸びない子の決定的な違いとは？

第2章 3486家庭で見た！子どもを伸ばす環境設定

第3章 9つのタイプ別・やる気にさせる声がけの方法

第4章 子どもが自ら成長する！ 親子コーチングの可能性

第5章 毎日机に30分！ 習慣づけは準備で決まる！

第1章

学力が伸びる子と伸びない子の決定的な違いとは？

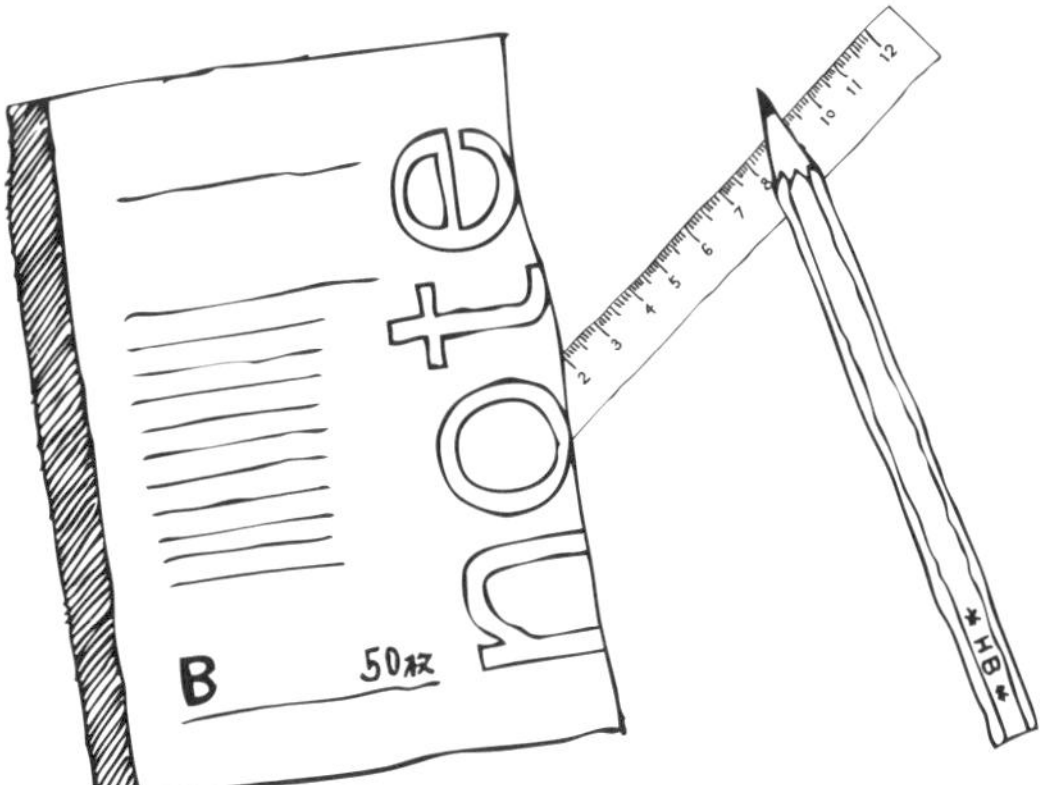

学力が伸びる子と伸びない子がいるのか

・長く塾には通っているものの、なかなか偏差値が上がらない
・通信教育をとったものの、やらずにためてしまっている
・評判の良い塾に入れたのに、結局第一志望校には合格しなかった

こんな話を、聞いたことがありませんか？　もしくは、「まさにうちの子のこと！」と、思った方もいらっしゃるのではないでしょうか。

多くの親御さんが、塾で成績が上がらなくても「しょうがない」「うちの子の素質がもともとなかったんだ」そんな風にあきらめてしまいがちです。

でも、ちょっと待って！

塾や家庭教師、通信教育で成果が出ないのは、家庭学習のやり方が合っていないからです。

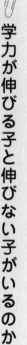

では授業を受けても、伸びる子と伸びない子がいるのはなぜなのでしょう。

伸び悩んでいる子の伸び悩みの原因は、「もともと持っている素質」ではなく、「自分に合った効率の良い学習方法」が身についていないからです。

「自分に合った効率の良い学習方法」を習慣化すれば、授業を聞けば聞くほど、わかる！　できる！　状態になっていきます。

反対に、家庭学習がうまく回せていないまま塾や学校に通い続けると、どんどん成績は下がっていってしまうのです。怖いですね。

私が大学生の時から今まで、約20年間子どもたちを見てきて気付いたのは、彼らの勉強のやり方はみんなバラバラ、ということです。大学生で家庭教師をしていた頃、生徒に「1週間後に漢字のテストをするから覚えてきてね」と言うと、みんないろいろなやり方で勉強してきてくれました。直前に一生懸命見て覚えてくる子、1週間ずっと眺めていました……と言う子、何回も書いて覚えました！　と言う子。覚え方は皆それぞれでした。

よく考えてみると私たちは、学校で細かい勉強のやり方と言うものを一度も教わったことがありません。それぞれのやり方でみんなが結果を出せればいいのですが、実際は結果の出るやり方とそうでないやり方があります。そして、結果の出るやり方とそうでないやり方はまったく違うのかというとそうではなく、ただ単にタイミングや内容が少し違うだけ。たったそれだけなのに、結果はまったく変わってくるのです。

日本中で、多くの子どもたちが、結果の出ないやり方のために成績が上がらず、勉強が嫌いになる……という悪循環に陥っています。その状況を見るにつけ、私は本当にもったいないなと感じるのです。勉強が嫌いになることで、将来の選択肢が狭まり、毎日5・6時間学校でつまらない時間をただ過ごすことになってしまいます。子どもたちの才能を十分に伸ばしてあげられないということは、社会全体にとっても大きな損失だろうと思うのです。

効率の良い勉強のやり方は、何も一部の子どもだけができる特殊なものではありません。誰でも知れば分かる、どんな子でも同じようにやればできる、そういうものなのです。

遺伝なのか、環境なのか

遺伝×環境。これは教育学の永遠のテーマと言われています。教育とは遺伝なのか、環境なのか、ということですね。これについてはどんなに考えても結論はまだ出ておらず、結局、遺伝だけでもないし、環境だけでもない。両方がかけ算となって、影響しているのではないか、と考えられています。

遺伝は、自分で変えられるものではありません。しかし、環境のほうは変えられる。従って、持って生まれたものに合わせて、その子が一番伸びるような環境、輝けるような環境を用意してあげるのが、親御さんの役目だといえます。

果物にたとえて考えてみたいと思います。お母さんはりんごが大好きで、りんごの種がほしいなと思っていたら、もらったのはみかんの種でした。でもお母さんはやっぱりりんごを育てたくて、みかんの種を、りんごの育て方で育ててしまいます。

そうするとどういうことが起こるでしょうか？　りんごがよく育つ環境とみかんがよく育つ環境は違うので、おいしいみかんは、おそらく育たないでしょう。ともすると、途中で枯らしてしまうかもしれません。

果物の話なら、そうだよね、と思うのですが、実際わが子のことになると、一生懸命、みかんをりんごにしようとしている親御さんがたまにいらっしゃいます。

みかんならみかん、りんごならりんごと、お子さんそれぞれの性質を見極めて、その子にあった環境設定や声がけをする、これが本当に大切です。私はこの、「その子の形質を知る」ために、9つのタイプ診断を、14年間、3500以上の生徒さんに使ってきました。タイプに合わせた声がけと環境設定に変えるだけで、子どもたちは見違えるほど成長します。

・成功したい、お金持ちになりたいという気持ちが強い子に、「大学別年収ランキング」を見せたら、やる気が出て、自ら机に向かうようになった。
・真面目ですべてに一生懸命で、結果疲れてしまう子に対しては、やることを精査し絞ったら、本当にやるべき勉強に集中できて、偏差値が10上がった。
・難しい問題集、殺風景な問題集ではやる気が出ない子に、学力に合ったカラフルな問題集を与えたら、一人でどんどん学習を進めるようになり、偏差値が上がった。

・マイペースで人よりワンテンポ遅れてしまう子に、自分のペースでスモールステップでできる学習法を伝えると、塾を辞めて自宅学習に専念でき、定期テストのたびに学年順位が上がっていくようになった。

それぞれのお子さんにやったこと一つひとつは、本当に小さなことなのです。でも、この小さなことで、彼らの勉強に取り組む姿勢は大きく変わります。

初めからやる気がない子は一人もいない

「でもうちの子は、ものすごく勉強が嫌いだから、無理じゃない？」そんな風に思われる親御さんもいらっしゃるかもしれませんね。私も、自分が中高生の時は、勉強ができないのは、嫌いだから、やる気がないからだ、と思っていました。

しかし、私が3500人の子どもたちに出会って知ったのは「生まれつき勉強が嫌いな子は一人もいない」ということでした。私は、「勉強が嫌い」という子どもたちに、「小学校に入った時から嫌いだったの？」と聞くようにしています。そうすると、みんな「違う」と言うのです。

そして、次のとても大切な質問をします。

「じゃあ、いつから嫌いになったの？」

この質問には、特別な意味があります。なぜなら、この「嫌いになったタイミング」が、たいていの場合「分からなくなったタイミング」だからです。

ですから、3年生から勉強が嫌いになったと言うのであれば、3年生に、5年生からだというのであれば、5年生の内容に戻ってやり直してあげるのです。

やり直しをしているうちにできるようになります。するとまた、子どもたちは勉強がとても楽しくなるのです。

Column

段階別の学習テーマについて

この本では、小学生・中学生・高校生と、学年を問わず共通していることをお伝えしていますが、ここで少し、おおまかな段階ごとのポイントをお伝えしておきたいと思います。

◆小学校1年生～3年生

この時期のテーマは、「勉強を嫌いにならない」ようにしながら、まるで歯を磨くように「毎日学習する習慣を身につけること」です。この時期のお子さんたちは、まだまだ主観的な世界で生きています。自分で自分の学習を管理するというメタ認知的な部分は、この段階のお子さんには求めることができません。なので、親御さんが方針を持って、丁寧に導いてあげることが大切です。また、この時期のお子さんにとって勉強は「楽しいもの」であることが大切です。楽しい！　と思いながら、自然と勉強する習慣がつけば大丈夫です。

◆小学校4年生～6年生

「自分にはこんな良い素質がある！　能力がある！」という高い有能感を持ちながら、与えられた勉強をどんどんこなしていくのがこの時期のテーマです。「与えられた」、というのは細かく指示されたものをやることを意味していますが、この問題集を1冊やりこもうと決めてやり切るなど、自主的な行動も大切です。まるでゲームを進めていくように、目の前のものをこなし、さらに有能感を高めていく状況にあれば、まず安心です。

◆中学生

この時期になってくると、ただ「楽しい」「面白い」「できる」というだけでは勉強に向き合えなくなってきます。自分で全体バランスを見ながら計画的に予習復習をしたり、定期テストに向けての準備をしたり、さらに、それらを振り返ってPDCA（Plan［計画］→Do［実行］→Check［評価］→Act［改善］の4段階を繰り返し、継続的に業務や作業などを改善する方法）を回すなど、自己管理の能力も求められるようになります。

小学生の頃より高度なスキルが求められますので、適切な「学習方法」を身につけることが大切です。場合によっては保護者の方が一緒に入りこんで、学習方法を考える必要があります。

◆高校生

高校生になると、さらに学習内容は広く深くなります。一方で、大学受験を考えた時に、学校で扱うすべての教科に全力を注ぐ必要はありません。自分の進路に必要な教科については丁寧に学習し、それ以外の教科は一定の目標レベルを達成する学習にとどめるなど、戦略的に自分の学習をコントロールする力が必要です。

大学受験に至っては、志望校の出題傾向を自ら分析し、そこに合わせた対策を取る必要があります。ここで身につけた、ゴールから逆算して戦略的に考え行動する力は、大学生・社会人になった時に、大いにお子さんを助けてくれることでしょう。

わが子に合った学習の仕組みを作るコツ

ところで、皆さんのお子さんは、自分なりの効率の良い学習方法を確立しているでしょうか？

・なかなか学習習慣が、子どもの身につかない。
・やってはいるのに、成果が上がらない。

そんな時は、親御さんの意識に理由があるかもしれません。どんな理由だと思いますか？　ちょっと、考えてみてください。思い当たる理由はない、と思う方もいらっしゃるでしょう。しかし、私がお会いした親御さんのうち、９割以上の方が、同じ罠にはまっていました。

あなたは、「本人のやる気が上がれば、成績が上がる」と思っていませんか？

これが実は逆なのです。先に、成果を出させてあげる。そうすることで初めて、本人のやる気が上がり、やる気が上がるからまた成績が上がる……というサイクルに入ることができます。ですから、本人のタイプに合わせた勉強の仕組みを、まず作ってあげる必要があります。そして、成果を出させる。成果を出させることで子どものやる気を上げる、という順番なのです。

もしも、成果が出る前に、先にお子さんがやる気を出したとします。成果はまだ出ていないから、成果の出る仕組みはわかりません。やる気だけがある状態だから、お子さんは頑張ります。しかし、お子さんはどうやったら成果が出るかわかっていませんから、頑張っても結果が出ないのです。一生懸命に頑張るけれども、成果の出ないやり方でやるから、結果が出ない。するとどうなるか？　お子さんは、自信をなくしてしまいます。せっかく上がったやる気も、成果が出ないから下がってしまいます。
これを横で見ている親御さんは、「せっかくやる気が上がったのに、また下がっちゃった……この子は続かないのね」と思うわけです。ところがそうではなく、まず、成果の出るやり方や仕組みを、先に作ってあげる必要があるのです。そうすることで、お子さんのやる気を上げ、成果を出し、成果が出るからやる気が継続する……というサイクルを作るのです。

この仕組みは勉強だけではなく、スポーツでも同じです。子ども達が喜んで通うようなスポーツ教室では、この仕組みがちゃんとでき上がっていることが多いでしょう。例えば、お友達にサッカーの習い事の体験に一緒に行こうよと誘われて、本人はまったく興味がないけれども、行くことになったとします。上手なサッカー教室では、この時点で、初めての子にも達成感を感じられるようなメニューが用意されていて、わけも分からないうちにシュートを打てちゃった、あっ、できちゃった、となります。極めつけに、先生が「きみセンスあるね、うちで頑張ろうよ！」なんて褒めたりしたら、お子さんはもう「僕サッカー教室入るから！」とやる気が満々になります。

上手なスポーツ教室には、そのような仕組みがしっかりとできているのですが、家庭学習でもまったく同じで、全然やる気がなかったとしても、成果がパーンと上がってしまえば、その成果が、自然とやる気につながっていきます。

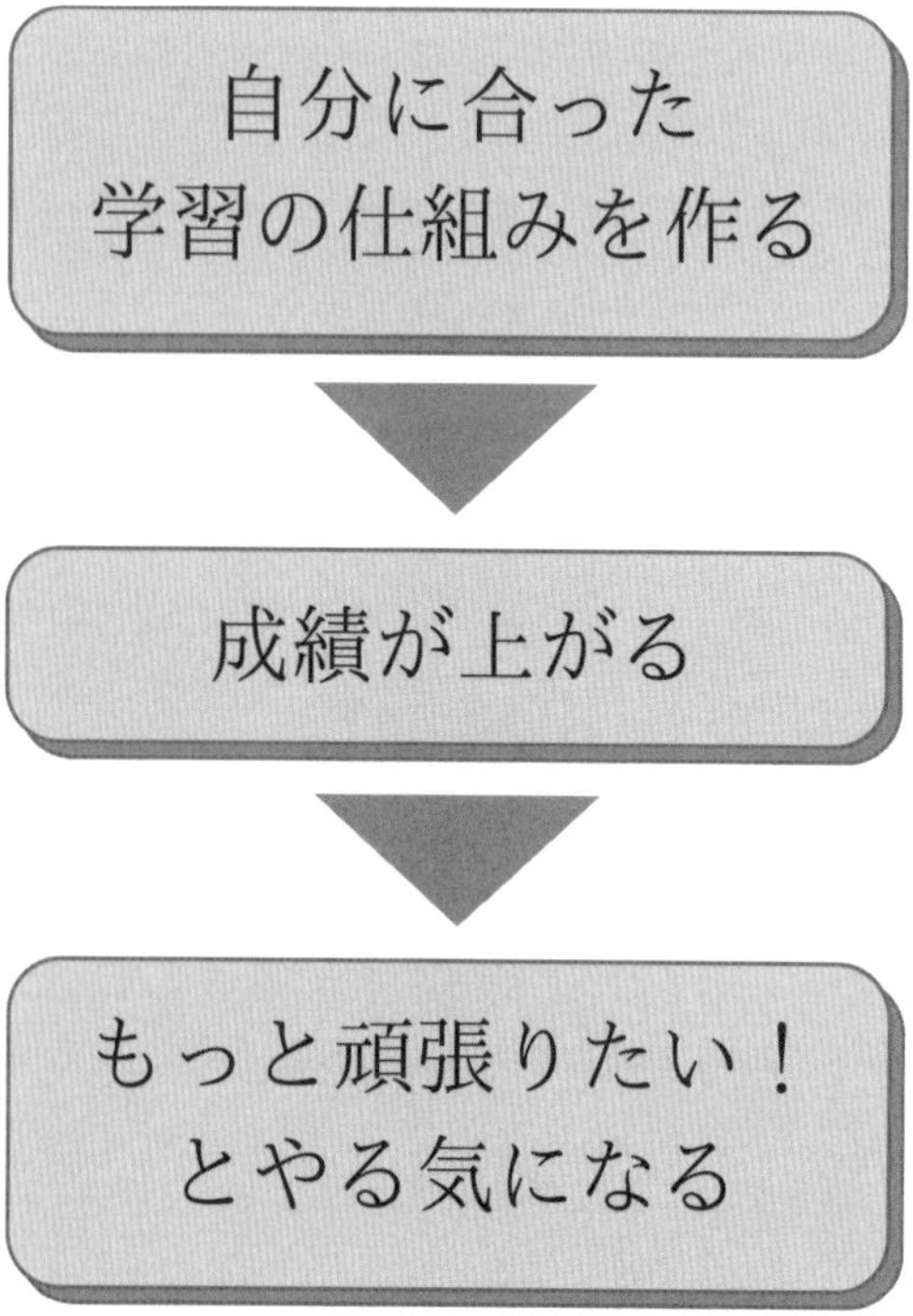
自分に合った
学習の仕組みを作る
成績が上がる
もっと頑張りたい！
とやる気になる

早く知るほど人生が豊かになる

自分に合った効率の良い学習の仕組みを作り、それを習慣化する。これが成績を上げるためには最強のやり方です。勉強以外の事においても、この方法は成果を上げるための大切な土台になっていきます。

マザー・テレサはこんなふうに言っています。

「思考に気をつけなさい、それはいつか言葉になるから。言葉に気をつけなさい、それはいつか行動になるから。行動に気をつけなさい、それはいつか習慣になるから。習慣に気をつけなさい、それはいつか性格になるから。性格に気をつけなさい、それはいつか運命になるから」

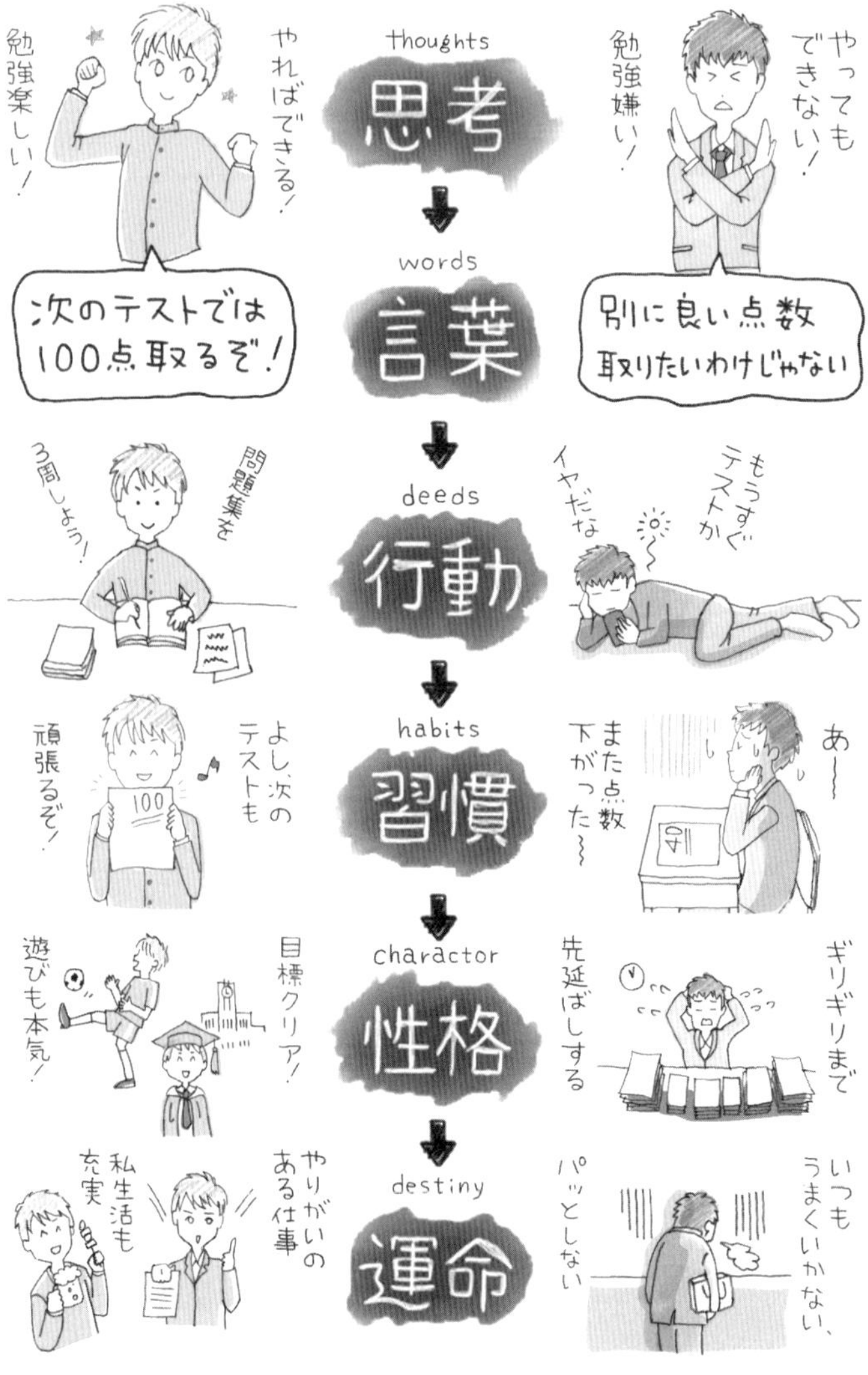
thoughts
思考
やればできる！
勉強楽しい！
やってもできない！
勉強嫌い！
words
言葉
次のテストでは100点取るぞ！
別に良い点数取りたいわけじゃない
deeds
行動
問題集を3周しよう！
もうすぐテストか
イヤだな
habits
習慣
よし、次のテストも
頑張るぞ！
100
あ〜〜
また点数下がった〜〜
charactor
性格
目標クリア！
遊びも本気！
ギリギリまで
先延ばしする
destiny
運命
やりがいのある仕事
私生活も充実
いつもうまくいかない、
パッとしない

人は、習慣に基づいて時間を過ごします。すなわち、習慣は自分の人生の一部であるとともに、自分の人生のすべてを作っていく土台となるものなのです。

私は、「自分に合った効率の良い学習の仕組み」が出来上がらなかったが故に、大変なことになってしまったお子さんを、たくさん知っています。

今回は、私が家庭教師の派遣会社にいた時に出会った多くの残念なお子さんの中でも、特に印象に残っている話を三つお伝えしたいと思います。

小学校はうまくいったのに、中学に入ったらどんどん低迷

一人目は、中学校2年生の男の子の話です。私が初めて彼に会ったのは、2学期くらいだったと思います。

お話をお聞きすると、中学に入ってから全然勉強しておらず、最初は良い点数を取れていたのが、どんどん成績が下がってしまいました。通知票が2になりそうだ、こ

のままでは行ける高校がなくなってしまう、どうしたらいいですか、と相談を受けたのです。

まぁここまではよくある話です。勉強しなくて成績取れないのは、当たり前ですよね。さすがにゼロ勉で成績が上がるというのは、難しい話です。

しかし、すごく残念だったのは、親御さんが今まで何にもしなかったわけではなかったことです。むしろすごく教育熱心で、幼少期から有名な幼児教育にとても力を入れていらっしゃいました。その成果もあり、小学校の勉強はまったく困りませんでした。一度見れば、それだけでパッと覚えてしまうし、計算もちゃっとできてしまうし、全然勉強しなくっても、すごく成績が良かったのです。お友達や周りの親御さんから神童とか言われたりするぐらいに良くできたそうです。お母さんも「この子は天才なんだわ！　幼児教育を頑張って良かった」と思い、学習習慣もまったくないのに、放っておいたそうです。

しかし中学校に入ると、同じようにはいきませんでした。中学校の内容は、ある程度の予習復習をしないとついていけないカリキュラムになっています。でも、今まで勉強の習慣がまったくない上に、勉強も難しくなるし、部活も忙しくなるし、成長期・

反抗期だしで、急には勉強の習慣が身につくはずもなかったのです。こうして、どんどん成績が落ちてしまったのです。

個別指導塾に5年通ったのに成績が低迷

二人目の残念なケースは、中学校3年生の12月にお会いした男の子の話です。どうしても行きたい高校があるんだけれど、偏差値が20足りない、どうにかならないか、というご相談でした。受験日まで、ちょうど1か月しかない、そんな時期にお話をお聞きしました。

テスト問題を見させてもらった時に、なんか、おかしいなと思って、「アルファベットの小文字をaから書いてみて」と言ったのですね。

そうしたら、aは普通に書けたのですが、bのところで、急に止まりました。そして「これって、どっちだっけ？」と言うわけです。

つまり、bとdの区別が正確についていなかったのです。びっくりしてその場にいたご両親と青ざめてしまいました。

もしこれが、今まで全く勉強をしていないという話であれば、「しょうがないよね」となるのですが、そうではありませんでした。実は小学校5年生から約5年間、塾に通っていての結果だったのです。

それも、集団塾ではついていけないだろう、とわざわざ個別指導塾を選んで通わせていたのに、です。中学3年生の夏休みには、このままでは間に合わないからと、ほぼ毎日追加で授業を入れたのに、です。

もしかしたら、他の生徒がいる中で質問ができなかったのかもしれません。講師も入れ替わり立ち替わり複数で担当するため、どの講師も彼の学習に対して、本気で向き合うことができなかったのかもしれません。

明確な原因はわかりません。しかし、夏期講習で朝から晩まで毎日通っても、2学期のテストでは成績が上がるどころか、むしろ下がってしまいました。

これはかなり極端なケースではありますが、塾に行っても伸びないという話は多くあります。

この子は、当時所属していた会社から派遣されたプロ講師の集中特訓を1か月受けて、偏差値を10上げて第二志望の高校に合格をしました。

ミラクル合格したのに肩たたきにあう

三人目のケースは、中学受験をしたお子さんの話です。

受験直前の秋になっても志望校の偏差値には届かず、家庭教師をつけました。プロの講師二人と4か月の猛特訓。すると、志望校にミラクル合格したんですね。担当した講師自身も「あの子受かったんですか！」と、びっくりするくらいでした。第一志望に合格したことを周囲も大喜び！　そこまでは良かったんです。

しかし、中学に入ってから問題が発生しました。受験勉強が相当しんどかったせいもあったのでしょう。受験が終わったら、やっと解放された！　と本人が勉強しなくなってしまったのです。思えば、家庭教師を受けていた時もセンターに電話がかかってきていました。もう時間なのに、「まだ子どもが帰宅していないんです」と。

そして、中1の夏休み前には、先生から「中学は義務教育だから卒業できるけれど、このままだとうちの高校への進学はとても無理です」と言われました。いわゆる肩たたきにあってしまったのです。せっかく頑張って入学したのに、本当に残念な話ですよね。

実は、こういったケースはたくさんあるのです。こんなに早い時期に肩たたきにあった子は初めてでしたが、系列高校への進学が危うく定期テスト対策に家庭教師をつける子、同じように肩たたきにあって私立中学から高校受験をする子、そういうお子さんが、少なからずいるのです。

このような残念な事例をたくさん見てきて分かったのは、本人のタイプに合わせた学習の仕組みを作ってあげなければ意味がないということです。

一人目のお子さんは、そもそも勉強時間がまったくなく、勉強する習慣が身についていませんでした。二人目のお子さんは、勉強はしていましたが、本人に合ったやり方ではなかったのです。そして三人目のお子さんは、やってもいたし、やり方も合っていたのだけれど、本人の気持ちがまったくついていっていなかったのです。

もちろん、受験で志望校に合格するということはとても大切なことです。また、本人の気持ちや習慣化などをまったく考えなければ、短期間で無理矢理にでも成績を上げる方法もたくさんあります。

しかし、それだけではダメなのです。

受験が終わった後もずっと学び続けられる、勉強って楽しいと思える、やりたい・やりたくない以前に「やっている」状態を作る、つまり習慣化させるところまで持っていってあげないといけないのです。

自分に合った学習の仕組みを一回作ってしまえば、後はちょっとしたアレンジで大学受験まで行けますし、社会に出てからだって自ら学び続けることができるのです。

第2章

3486家庭で見た！
子どもを伸ばす環境設定

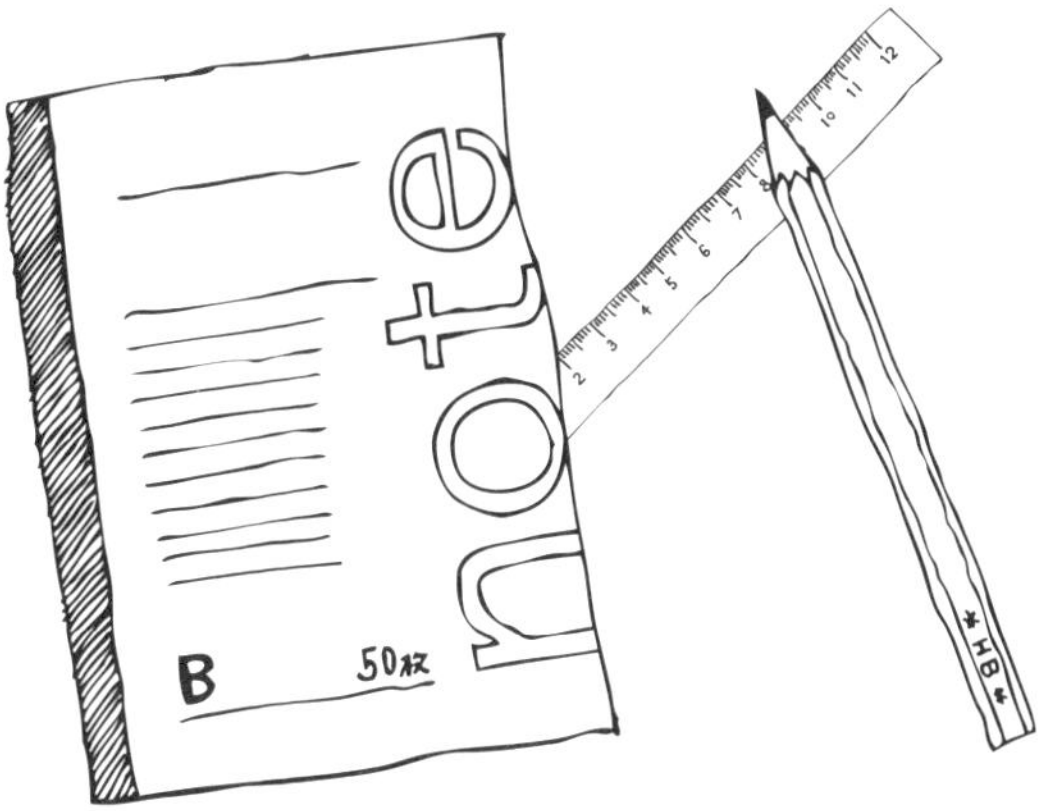

それぞれ自分に合った効率の良い学習の仕組みを手にしているなら、日本の子どもたちの学力はもっと高くなっているでしょう。でも現実はそうではありません。では何が、子どもたちの学力を規定しているのか？　勉強の好き・嫌いというのはどのようにして分かれていくのか？　私はこのことにずっと疑問と問題意識を持って、研究してきました。

平等だけど平等ではない社会

「社会は平等ではない」、そう気付かされたエピソードがあります。

私は名古屋市近郊の工業都市で生まれました。近くには大きな製鉄所があり、小学校の友達の親は、ほとんどその製鉄所に勤めていました。ひとえに製鉄所といっても、会社の中には、幹部や平社員、色んな立場があって、会社の中の地位によって、住む場所も分かれていました。

しかし小学生の頃は、そんなことお構いなしにみんな一緒に思い切り外で遊んで、

「あの子は木登りが上手だ」とか「あの子はお笑いのセンスがある」とか、なんの隔たりもなく一人ひとりがキラキラと輝いていました。

それが、中学に入り、高校受験が近づいてくると様子が変わってきます。私の地域・時代では「女の子は高卒で良い」と思われているようなところがあり、中には「家にお金を入れるために高校を出たら働かなきゃいけないの」と言う友人もいました。どんなに勉強ができても、一度「高い学力が必要ない進路」が見えてしまうと、子どもたちは勉強をしなくなります。そうして、本当はできるのに自ら勉強をあきらめていく子が、私の周りにはたくさんいました。

当時の私は「日本は平等な社会になったというけれど、本当だろうか？」とモヤモヤした気持ちを抱えつつ、「学校の先生になりたい」「日本の教育を変えたい」という夢を叶えるために大学・大学院へと進学しました。

その後、奨学金を使えばお金がなくても大学・大学院に行けるということ、さらには、高校を出て社会に出るのと、大学を出て社会に出るのとでは生涯に稼げる賃金が全然違う、という事実を知りました。その差はなんと、男の子なら三五〇〇万円、女の子なら五五〇〇万円。奨学金を借りたとしても十分お釣りがくる金額だったのです。

「自分の意思ではないもの」に阻まれて、夢をあきらめていく子どもたちを減らしたい、勉強を通して「自分はできるんだ！」と気付いてほしい、という想いを一層強くした私は、大学・大学院で「教育社会学」を専攻し、「子どもの学力形成に与える家庭の文化的背景」の研究に励みました。

子どもの学力は何によって決まるのか？

これまでの研究によると、家庭の社会経済的背景、つまり家庭の所得や、両親の学歴が、子どもの学力に影響を与えることが分かっています。

一方で、家庭の所得や親の学歴が平均より低いケースでも、子どもの学力が高いケースもあります。そのようなケースにはどんな特徴が見られるのでしょうか？　一つは、「学習時間」です。当たり前かもしれませんが、家庭の社会経済的背景にかかわらず、学習時間が長いほど学力が高くなる傾向が見られます。他にも、家庭の社会経済的背景に不利があっても、学力が高い児童生徒には、次のような特徴があることが分かっています。

1　朝食等の生活習慣
朝食を毎日食べている、毎日同じくらいの時刻に寝ている／起きている、テレビ等を見る時間・テレビゲームをする時間が少ない

2　読書や読み聞かせ
保護者が子供に本や新聞を読むようにすすめている、子供が小さい頃に絵本の読み聞かせをしている、子供と一緒に図書館に行く

3　勉強や成績に関する会話・学歴期待・学校外教育投資
保護者が子供と勉強や成績のことについて話をする、保護者の高い学歴への期待、子供への教育投資額が多い

4　保護者自身の行動
授業参観や運動会などの学校行事へ参加する

5　児童生徒の学習習慣と学校規則への態度
家で自分で計画を立てて勉強している、学校の宿題をしている、学校の規則を守っている

6　学校での学習指導（小学校）
自分の考え方を発表する機会が与えられている、家庭学習の課題の与え方について教職員で共通理解を図る

＊出典：平成25年　文部科学省委託研究「平成25年度全国学力・学習状況調査（きめ細かい調査）の結果を活用した学力に影響を与える要因分析に関する調査研究」（国立大学法人お茶の水女子大学）

この結果を見ても、保護者のかかわりと学習習慣が、子どもの学力形成に、非常に大きな影響を与えていることが分かります。そして、その2つは、子どもの学力形成に与える家庭の社会経済的背景をくつがえす可能性を秘めているのです。

学歴も経済力も申し分ないのに子どもの学力が低い家庭

大学院を出た後、「もっと現場でたくさんの親子とかかわりたい」と考えた私は、研究者の道から転向し民間の家庭教師派遣会社に就職しました。そして、学習コンサルタントとして12年間、首都圏と中京圏の3486家庭を訪問し、おうちの中の環境や、そこでの親子のリアルなやりとりを目にしました。

その中で不思議に思ったのが、保護者の学歴や所得が申し分ないにもかかわらず、子どもの学力が十分でないケースが多くあることでした。一方で、保護者の最終学歴が中学卒業で生活保護ギリギリというお宅であっても、子どもが生き生きと勉強しているケースもありました。いわば、私が勉強・研究してきた結果を打ち消すような事例が現実にはたくさんあったのです。

そして、たくさんの親子を観察する中で、見えてきたこと。それは家庭の社会経済的背景にかかわらず、保護者が「教育についての本当に正しい知識」を持っているかどうかが、子どもの能力伸長に大きくかかわっているということでした。

「教育についての本当に正しい知識」を持っていないために、「親の愛情」が歪んだ形で子どもに伝わり、望まぬ結果が生まれるというメカニズムが見えてきたのです。

不平等を打ち破る、親の愛情資本

親の子に対する愛情は、特に大きいものです。私が出会った3486組の親御さんも、誰ひとり愛情がない方はいませんでした。

そしてその愛情から生まれるエネルギーもまた、計り知れないパワーを持っているのです。私はこれを、「愛情資本」と名づけたいと思います。愛情から発せられるエネルギーは、お金や、知識、人脈といった他の資本に引けを取らないくらい、重要な資本（元手）となります。

お子さんへの愛情資本は、誰でも平等に持つことができるものです。そしてそれが、うまくお子さんに伝わりさえすれば、経済的資本（家庭の所得など）・文化的資本（親の学歴など）による格差の再生産をも断ち切り、良い循環を産んでいくことができます。これは、子どもの能力の話だけではありません。親子関係を良好に保てるか、ということにもかかわってきます。

今、人生100年と言われています。そのうち、わが子と一緒に過ごせるのはたった20年、より密な関係でいられるのはもっともっと短い期間です。この期間を、素晴らしい時間にできるかどうかは、「目の前のわが子の状態を正しく見極められるか」「教育の正しい知識があるか」ということにかかっています。

私は、教育についての正確な知識をお伝えすることで、親御さんの持っている溢れる愛情資本を、本当にお子さんの栄養となる形で伝え、素晴らしい実をたくさん実らせたいと思っています。

才能溢れる子どもが増えれば、日本の未来はより豊かで素晴らしいものになるでしょう。それが巡り巡って、子どもたち一人ひとりをさらに幸せにすることでしょう。

次の章では、目の前のわが子の状態を正しく見極め、より良いコミュニケーションをとるための、9つのタイプ診断についてお伝えしたいと思います。

第3章

9つのタイプ別・やる気にさせる声がけの方法

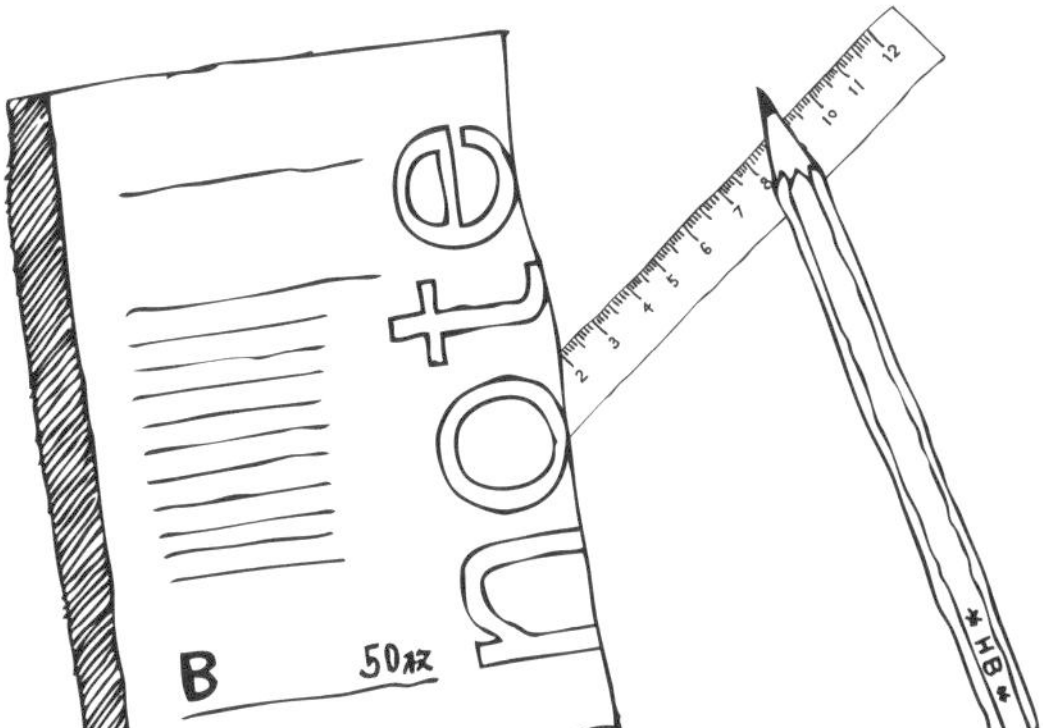

なぜタイプ診断が必要なのか

あなたは子どもに接する時、その子の性格に合わせた対応ができていますか？　いざ「できているか？」と聞かれると、「自信がない」という方が多いのではないかと思います。性格に合わせた対応をするほうが良い、と頭では分かっていたとしても、実際には難しいものです。

ではここで、雑誌『プレジデントファミリー』に掲載された、東大生へのインタビューを例に挙げてみましょう。これは東大生に対して、小さい頃に親からどのような声がけをされてきたかを聞いたもので、実に様々な回答が掲載されていました。

「何も言われずに見守ってもらったのが良かった」と答える学生がいる一方で、「僕はお尻を叩かれないと動かない子だったので、いつも親から声をかけてもらえたのが良かった」と答えている学生もいました。つまり、答えは一人ひとり、まったく別々だったのです。

このことから分かるのは、子どもへの声がけ、接し方には、一つの正解があるわけではないということです。画一的な対応方法はなく、いかにその子に合わせてあげられるかが、ポイントです。その子の性格に合った声がけや、環境設定が非常に重要なのです。

東大生を例に挙げましたが、もちろん勉強に限らず、スポーツなどの他分野でもまったく同じことが言えます。様々な分野において力を発揮している子の親は、やはりその子に合わせた声がけを必ず行っています。

つまり、子どもの才能を生かすも殺すも親の声がけと、環境設定次第だということです。それによって、子どもが自分の力を発揮できるかどうかが決まるといってもいいでしょう。

では、その子に合った声がけや、環境設定とは何でしょうか？　それを知るためにはまず、子どもの思考傾向やこだわりを知る必要があります。

それを実現するものが、これからご紹介するタイプ診断です。

タイプ診断をすることでどうなるのか

私は12年間、とある家庭教師派遣会社に在籍し、勉強方法を直接お子さんに伝え、時には先生にも指導方法をアドバイスしていました。

そんな中で、実際に95％という高確率で子どもたちのやる気を上げたものがあります。それが、これからご紹介するタイプ診断です。

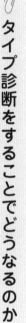

そもそもこれは、次世代のリーダーを育てる方法、つまり人材育成のノウハウとして、2千年ほど前から使われてきました。体系化されたのは紀元前後ですが、長い間「門外不出の秘伝」として、特定の人から特定の人へ口でのみ伝えられていた方法でした。（注）

20世紀にヨーロッパの学者に「発見」されると、学術的な根拠の証明のため、スタンフォード大学へ持ちこまれ、科学的な裏付けを取るため10万人規模の実験が行われました。その結果、人は9つのタイプに分かれ、いずれのタイプも同じくらいの人数に分かれることが分かりました。現在は大学のＭＢＡコース、ビジネスのコースなどでも採用されています。

今ではアップル、ディズニー、ソニー、トヨタなどの大手企業に取り入れられています。多国籍なこれらの企業の中においても、このタイプ診断は国籍や文化を超えて、効果を発揮します。上司部下の組み合わせ、チームメンバーの構成など、様々な局面に対して有効に使うことができるのです。

学習塾でもこの性格診断を利用しているところがあります。代表的なのが、映画にもなった『ビリギャル』で有名な学習塾です。名古屋にあるこの学習塾は、子どもの性格に合わせた声がけで、学年でビリだったギャルをたった1年で慶応大学に合格させました。偏差値は1年で実に40アップ。それもこのタイプ診断あってのものだったわけですね。

そして私もこのタイプ診断を使ったアドバイスを実施しました。その結果、学習意欲や学習効率のアップはもちろんのこと、親子関係の改善までですることができました。現在ではタイプ診断に加えて、独自に研究してきた心理学・脳科学に基づいた学習方法と組み合わせ、勉強だけでなく、さまざまな場面でまた、社会に出てから活用できるような考え方・習慣を身につけることのできるプログラムを実施しています。

これを親御さんに実践してもらえば、いつでもお子さんのやる気を上げ、最大限の成果を出すことができます。それほど、今ここからお伝えするタイプ診断は非常に大きな意味合いを持っているのです。

（注）別の説によると、9タイプは古代エジプトを起源として、紀元前から宇宙万物を示す象徴として使われていました。20世紀後半から、人間の心理・性格・病理を理解する性格類型論あるいは人間学として研究が進められるようになったとも言われています。

タイプ診断

ではお子さんが9つのうちのどのタイプに当たるのかを診断していきましょう。後ほど、9つのタイプそれぞれについて詳細をご紹介しますので、日頃お子さんを直接見ている立場からわが子はどのタイプだろうか？　考えてみていただけたらと思います。

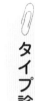

タイプ診断・性格診断というと、よくある生年月日を基に性格を割り出すようなものを思い浮かべる方が多いと思いますが、この診断はまったく違います。今からご紹介するタイプ診断では、まずは子どもの表面に見えている特性・現れている特徴に目を向け、そこからその子の本質を探っていきます。もちろん表面を見て本質を探るというのは、簡単なことではありません。本来は詳しい方と一緒に、お子さんご自身で「自分はどのタイプだろうか」と時間をかけて探っていくやり方が適しています。

そのような前提のもとになりますが、いったん、お子さんのタイプをなんとなく掴んでいただくために、簡易的に診断をしていただきたいと思います。

まずは、タイプ診断をしたいお子さんをについて、次の枠の質問に直感で答えてください。

答えに迷う場合は、お子さんの人生の中でこういう時が多かった、とか、私からみたらまだまだだけど、確かに同じ学年の同性と比べるとこういう傾向がある、と思われるのでしたら、「当てはまる」と判断してください。文章の半分は当てはまるけれども、半分は当てはまらないという場合は「当てはまらない」と判断してください。10歳以上のお子さんの場合は、お子さん自身に回答してもらうと、より正確に結果が出ます。その場合は、難しい表現のところは説明してあげてください。

なお、5歳以下のお子さんの場合は、まだ性格がはっきりと分からないことがあります。基本的には、6歳以上のお子さんに対して診断を行ってください。

【タイプ診断のための質問】

□にチェックをつけていきましょう。

問1、次の3つの中で一番当てはまるのはどれですか？

□ A、周りの人が自分のことをどう思うか気にしている
□ B、食べる・寝るといった生理的欲求を満たすことを第1に考えている
□ C、感情任せに決めることはなく、損得や論理性を頭で考えて判断する

問2、次の中から、当てはまるものにチェックをつけてください。

□ D、自分が思う完璧な状態になっていないと気がすまない
□ E、自分のことは後回しで人のお世話を焼いていることがよくある
□ F、成功したい・注目を浴びたいという気持ちが人一倍強い
□ G、多くの人がやっていることに合わせようとせず、独自の感性を大切にする
□ H、興味のあることはとことん調べたり人に聞いて、大人顔負けの知識を持つようになる

こちらでも診断

■ I、人と比べて、心配性である

■ J、くよくよ悩むことがあまりなく、根っから明るい雰囲気を持っている

■ K、集団に入るとリーダーとなって仕切りたがる（もしくは、いつの間にか仕切っている）

■ L、周りが焦っていても動じずに、のんびりマイペースに行動する

■ M、自分にも他人にも厳しく、細かい誤りによく気が付く

■ N、人に合わせて行動することが多く、結果疲れてしまうことがある

■ O、うまくいきそうなことは頑張るが、うまくいかないと思ったことは早々に諦める

■ P、感受性が強く、「理解してもらえなかった」と感じた時は大きなショックを受ける

■ Q、自分が詳しい分野について人から質問を受けると、得意げにたくさん話す傾向がある

■ R、先生など大人から怒られないように、模範的に行動している

■ S、あまり努力しなくても、なんでも器用にこなすように見える

■ T、本当に信頼している人以外には、自分の弱みを見せない

■ U、家族以外の人とはケンカや口論をせず、穏やかに過ごそうとしている

	1	2	3	4	5	6	7	8	9
A		2点	2点	2点					
B	2点							2点	2点
C					2点	2点	2点		
D	3点								
E		3点							
F			3点						
G				3点					
H					3点				
I						3点			
J							3点		
K								3点	
L									3点
M	3点								
N		3点							
O			3点						
P				3点					
Q					3点				
R						3点			
S							3点		
T								3点	
U									3点
合計									

診断結果は次のページです。

診断のやりかた

1、A～Uの質問について、チェックがついたところの点数に、○をつけましょう

2、タイプ1～9それぞれについて、縦で合計点を出しましょう

3、一番点数が高いタイプ（1～9）がお子さんのタイプである可能性が高いです

タイプ1 完璧にやりたい子～理想の実現を目指す戦士

このタイプの子たちは、タイトルのとおり、完璧を求めて常に試行錯誤を行っています。どこかもっと改善できるところはないか、もっと上に行きたいと、理想を掲げて常に努力するタイプです。

理想を成し遂げるためには努力を惜しみません。また、自分のために努力するだけではなくて、人のためにも努力

できる子でもあります。大人の方であれば、仕事をお願いした時にこちらが思っていたよりもさらに上、120％の出来映えのものを作ってきてくれるのが、このタイプの人たちです。それもかなりの時間をかけて、時には徹夜をしてまで完璧な資料を作ってくれるので、他のタイプの人よりも仕事面での完成度は非常に高いと言えます。

みんながこのくらいできているからとか、今までの人がこうだったからとか、そういったことは完璧にやりたいタイプの人には関係がありません。ただただ高いところを目指すので、努力していているうちに成績が学年1位になっていた、医学部に入っていた、というケースもあります。飛び抜けた専門家になるような子も多いです。

また、細かい作業なども得意な傾向があるため、大人になって医療現場や経理など「高度に専門的な」完成度の高さが求められたり、ミスがあってはいけなかったりする仕事でプロフェッショナルになるパターンもよく見られます。

このタイプの子どもに特徴的なのは「あなたは、いつも完璧ね！」などと褒めた場合に、たいてい「いやいや、まだまだです」と答えることです。

これは大人でも同じで、完璧にやりたいタイプの人は常に「自分はまだまだだ」と思っています。つまり、自分自身では完璧だとは思っていません。しかし他人から見ると、すごく丁寧なのですね。

一方で、とても丁寧なあまり、視野が狭くなりやすいという傾向も持っています。木を見て森を見ずという言葉がありますが、まさにそんな状態で、全体的に見ればもっと大事なところがあるよね？　ということがポロッと抜け落ちてしまう傾向も見られるでしょう。

そして、このタイプは、自分はいつ、何を、どうしたいというのが、細かく決まっていることが多いようです。朝何時に起きたら、次はこれをやって、次はこれやってという1日の段取りが、年齢の割にすごく整然としています。そしてそれを崩されることがあると、とてもつらいと感じます。

例えば親が「今日はちょっとこういうことをしてみようよ」と、本人の予定とまったく違うように舵を取ってしまうことがあります。仕方ない場合もありますが、このようなことが続くとどんどんつらくなっていくのです。自分はこうしようと思っていたのに全然尊重してもらえない、お母さん、あるいはお父さんの気まぐれで動かされている、というように感じます。

では、このタイプの子にはどのように接するのが良いのでしょうか。

まずは何よりも、子どもの中にある段取りを尊重してあげることが非常に重要です。元々すごく努力ができる子なのですが、広い範囲がしっかりと見えていないので、段取りが1回崩れるとぱっと切り替えることができません。予定が崩れた時点で、積み上げてきたものが全部ぐちゃぐちゃになってしまって、もうご破算！　となってしまうこともあるのです。

これが繰り返されると、自分で計画を立ててもしょうがない、人に言ってもどうせ覆される、どうしようもない、とだんだん殻に閉じこもってしまうようになるのです。

ただ、予定が崩されるという経験も時には必要です。なぜなら、完璧を求めるということは、その子にとって生きづらくなるポイントでもあるからです。成長する過程で経験する様々なことの中には、完璧でないこともあります。

例えば、会社で決まっているルールがあるとします。ルールはあるけれども、中には守らない人もいる。すると、「何で守らないんですか？　ちゃんと守りましょうよ」などと責めてしまうのです。

この完璧にやりたいタイプの人は、正義感が強く、自分自身をしっかりと律して生きています。それだけでなく、他の人にもそれを求めるところがあり、「こうだから、こうでしょう」と正論を突きつけます。相手が「正論だから何も言えないけど、僕の気持ちも分かってよ」なんて思っても、それをバッサリと切り捨ててしまう。

このようなことが続くと、組織の中ではだんだんと煙たがられる存在になってしまいます。仕事はすごく丁寧で任せたら安心だけど、小言が多い……と思われてしまうと、今度はそれが本人の生きづらさにつながってしまいます。ですから、子どもの頃からある程度、予定が崩される、完璧でないことがある、と経験していくことも大切になってくるのです。

実は、私の行っているおうち受験コーチングを受けに来られる親御さん自身に、このタイプの方が多くなっています。子どもの教育に一所懸命で、とても上昇志向が強く「まだまだだ」「もっとできるんじゃないか」という気持ちを持って、コーチングに来られるのです。

ありがちなのが、先ほどの「正論で話してしまう」という傾向。正論で話すからこそ、子どもが動いてくれないというケースです。よく言われることですが、人は正論だけで動くものではありません。そこには感情というものがあり、人を動かすには感情を動かさなくてはならない。だからこそ、そのあたりを学びたいと考えておられる方が多いようです。

まとめましょう。完璧にやりたいタイプの子どもは、親から見れば「そんな細かいことにこだわるの？」「順番通りじゃなくていいじゃん」と、なかなか理解しがたいかもしれません。しかし、その考えをできるだけ尊重してあげてください。自分で目標を定めることができると、惜しまずに努力を続け、どんどん突き抜けていきます。そういったところを温かく見守っていただくのがいいのではないかと思います。

タイプ1の事例：中学3年生の男の子

彼がおうち受験コーチングを始めたのは、中学2年生の終わりでした。彼は週6日スポーツを頑張っており、その合間に勉強をしていました。あまりに忙しいので通塾は難しい、でも受験勉強を独学でやるのも心配で、コーチングを受けることにしました。

彼がすごかったのは、私が「これをやると良いよ」と伝えたことを必ずやってきてくれたこと、余裕があれば自分でさらに進めてきてくれたことです。

コーチングのセッションの前には自分で質問をまとめていて、常に熱心な姿勢でした。勉強方法についても、自分で本を読んだりして勉強し「この人はこう言っているんだけど、どちらが正しいのですか？」など、疑問に思ったことは質問してくれました。また、成績の上げ方を伝えると、そこからはオール5が当たり前になりました。

私は、彼の視野を少しずつ広げるようなアプローチを続け、彼はそれを完璧にこなしていきました。志望校の合格判定もS判定が続き、合格は間違いないだろうと思われました。

しかし、これまで張り詰めていたものが限度を超えたのか、受験直前期に大きなスランプに陥ってしまったのです。今まで解けた問題が解けない、夢の中まで不安が追いかけてくる、そんな状況でした。

お母さんと一緒にリラックスできる方法をいろいろと試してもらいましたが、スランプの中、とうとう受験日を迎えました。当日は午前中の教科で点数を伸ばせませんでした。自己採点の結果からは合格が見こめませんでした。

ところが、合格発表の朝に届いたのは、「合格しました！」のメッセージでした。午前中の教科で失敗したものの、先生たちから、「前の教科の出来をひきずらない！」と言われていたのを思い出してそれを忠実に実行し、午後からの教科は良い結果を得られたのです。

高みを目指して努力できるという長所と、視野が狭くなりやすく、また力が入り過ぎてしまうという短所、これらは表裏一体であり、どちらも愛すべき特徴です。自分とまっすぐに向き合い続けたことが、合格のポイントになりました。

タイプ2　人の役に立ちたい子〜頼まれると張り切るヒーラー

人の役に立ちたい子というのは、誰かの役に立っている、誰かに求められていることで喜びを感じる子どもたちです。

誰か困っている人はいないかしら？　私にできることはないかしら？　と常に考えています。そして、困っている人、助けを求める人がいれば飛んでいって、手助けします。

このタイプの子どもたちは、そもそも「人を蹴落としてまで上に登っていきたい」という気持ちを持っていません。ですから、「負けたら悔しくないの？」とか「これは競争なんだよ、負けないように頑張りなさい」といったような言葉は、あまり響きません。また「自分のために頑張りなさい」「（やらないと）あなたが損しちゃうわよ」という言葉も、あまりピンと来ないでしょう。損をするのが嫌だ、と考えているわけではないですから、別に……といった状態です。

では、どのような声がけをしてあげたらいいかと言うと、「頑張ることが人の役に立つんだよ」というスタンスで声をかけることが非常に有効です。

具体的な将来の夢を持っているようなら、これに関連づけて「あなたが将来こういうことをして人の役に立ちたいと思っているのなら、そのために、この勉強が必要ですよ」といった方向性でやる気を出させてもいいでしょう。

まだ具体的な夢がなかったとしても、「勉強を頑張っているあなたを見ると、お母さんもお仕事を頑張ろうと思えるわ。だから一緒に頑張りましょう」という声がけも有効です。

いずれにしても、勉強することが、世の中のためになるとか、人のためになるとか、あるいは、親のためになる、親を喜ばせることができる。自分自身のためというよりも、むしろ他の人のためであるということを強調することが、やる気を引き出すことにつながっていきます。

このタイプの子どもは、ほとんどがいわゆる「真面目な子」です。やりなさいと言われたことは、計画的にコツコツ進めていく力を持っています。細かく計画を立てられる子どもには、「スタディプランナー」という勉強専用の手帳を使わせるのもおすすめです。日々の勉強の予定を細かく書きこむことができるので、そういったものを上手に使いながら進めていくと、非常に効率良く、本人も満足した形で勉強を続けることができます。

人の役に立ちたいタイプの子どもについて、気をつけたいこともあります。それは「人から頼まれると断れない」という点です。

例えば、友達同士で「一緒に勉強しようよ」と集まることがあります。うまく勉強を進めることができればそれも良いのですが、実際は気がついたらみんなで遊んでいたというのはよくあることです。もし、友達からの誘いが勉強の足かせになっているようなら、どこで線引きするべきか親子で一度よく話し合う必要があるでしょう。

難しいのは、友達との間だけではありません。学校で何かの委員やら、代表やらといったものを頼まれてしまうケースも考えられます。元々頼られたら嬉しいという気持ちがありますし、自分でできることであるならば、それでみんなの役に立つのであれば、やってあげたい！　という気持ちも強いのです。したがって、頼まれれば何でも引き受けてしまい、いつのまにか自分だけがものすごく忙しくなって、つらくなってしまう、というような場合もあります。

少し手抜きができる子なら、一生懸命にやるところとそうでないところを上手に調整してバランスを取るのですが、そのようにうまくできずにいっぱいいっぱいになってしまっている子もいるでしょう。

目の前の人のためにとにかく何かをしてあげよう、時に必要以上のこともしてあげようというタイプですから、自分を犠牲にして人のために尽くし、疲れ果ててしまうことがあります。または、自分ばかりが大変な思いをしている……と大きなストレスを抱えてしまうケースもしばしば見られるのです。

こうなってしまうと、なかなか勉強に集中できなくなってしまうのがこのタイプです。特に人間関係に関する問題は、気になって仕方がありません。ですから、勉強の前に今日学校であったことや、今抱えている問題をじっくり聞いてあげる時間を取り、ガス抜きをしてから勉強を始めるのが効果的です。ストレスがなく、精神的に安定している時は、「誰かの用事に振り回される自分」ではなく「自分のために努力ができる自分」でいられるのです。

特に親御さんに気をつけていただきたいのは、そうした子どもの大変さや、ストレスに気を配り、無理をしすぎないように働きかけることです。小学生・中学生の子どもは、そもそも自分が今ストレスを抱えているのだということに気がつかないことも多いです。ですから、毎日見ている親が気付いて調整してあげることが大切なのです。

また、人が喋っているとついつい耳をそば立ててしまうのもこのタイプなので、他の人の話し声が聞こえない静かなところで勉強できるようにするのが良いでしょう。

タイプ2の事例：小学6年生の女の子

彼女とのかかわりは、小学5年生の3学期からです。中学受験のため4年生の途中から塾に通っているものの、なかなか成績が伸びません。このままではどの学校も難しいかもしれない、そんな状況でした。

とても素直で真面目で愛らしいお子さんで、学校では優等生、授業中にも積極的に発言するなど、申し分ないように見えました。しかし、塾の成績はというと、これが芳しくありません。週回数も拘束時間も長い塾に通い、宿題も真面目にやっているのに、なぜか成績が上がらないのです。

この子の伸び悩みの原因は二つでした。一つは、前の学年の取りこぼしがあったこと、もう一つはキャパシティーオーバーだったことです。頑張り屋さんなので、学校も塾も全力で取り組み、結果として「疲れ」から頭に入らない状況になっていたのです。

この二つは、コロナ禍で学校が休校になった時に、一気に解消されました。まずは空いた時間を活用し、前の学年に戻ってやり直しをしたのです。また、学校や塾での人間関係のストレスがない状態で、かつ時間に余裕のある状態になりスムーズに学習が進みました。そのことによって、偏差値が大幅に上がりました。

しかし、夏になって学校も塾も再開すると、少しずつまた成績が下がり始めます。そのため、9月以降は塾を辞めて、志望校の過去問演習と苦手の克服を、主に家庭学習で進めてもらいました。その結果、見事第一志望校に合格することができたのです。

この子の場合は、ストレスをためにくい環境を作り、適度にガス抜きすること、「言われたことはちゃんとやる」という真面目な性格を生かして地道に学習を進めたことが、合格の決め手となりました。

タイプ3　成功したい子〜羨望を集めるヒーロー・ヒロイン

成功したい、失敗したくないというのは万人に共通する思いではあるのですが、このタイプはその気持ちが他の人に比べて圧倒的に強く、また失敗を極端に恐れる傾向にあります。

ですからこのタイプの子どもは、とにかく失敗しそうなことを避けようとします。ものごとに対して、どうもこれは難易度が高い、成功しないかもしれないと思うと、嫌だ、やりたくない……という気持ちが強くなって、やる前からあきらめてしまう。決してやる気がないからではなく、失敗を恐れるからなのです。

親は気軽に「失敗してもいいから、やってごらん！」と言ってしまいますが、このタイプの子は失敗をするのが嫌なわけですから、「失敗してもいいから」と言われても、嫌なものは嫌。そうではなく、こうすれば成功しそうだ！　ということが目に見

えていたほうが頑張れるのです（もちろん失敗する可能性はあるわけですが）。

成功したい子をやる気にさせるためには、成功までのイメージを一緒に描くことです。「これをして、次にこれをして、もしこういう困難があっても、こう対処すればうまくいく！　うまくいったら、みんなからスゴイって言われるよね。それって、良いと思わない？」と物事がうまくいって成功しているイメージを思い描かせてあげます。

このタイプは、成功してうまくいっている自分、みんなから羨望される自分にうっとりしますので、そういうイメージが脳内にできあがれば、そこに向けてしんどいことでも乗り越えて努力ができます。

ちなみに、苦労して成功するというパターンは好みません。難なくクリアしてスマートに成功したいのです。特に、あくせく努力している姿を人に見せるのは好きではありません。みんなの知らないところで努力して、いつの間にかできるようになっている、というのが理想です。

そして、成功したい子は、他の人に「すごい！」と思ってもらえるかどうか、を一つの判断基準にしています。ですから、どれほどすごいことを成し遂げたとしても、親や周囲の人が褒めてくれないなら、本人にとってはあまり「成功だった」とは感じられない結果になってしまいます。誰も褒めてくれないこと、誰も見てくれないことは嬉しくもなんともない。逆にちょっとしたことでも、親がそれを見て褒めてくれた、クラスメイトが感嘆してくれた、となれば立派な成功体験となるわけです

小学校低学年など、年齢が低いほど親が褒めてあげることがモチベーションにつながります。「失敗を恐れる」傾向もより強いので、確実にできる簡単な問題を解かせて褒め続けてあげると、勉強を好きになりやすいです。

このように、成功したい子には、失敗させない、失敗だと思わせない、そして、小さなことでもいいので成功体験を積ませ、うまくいったことはすかさず褒めてあげるのが良いです。それによって、どんどんやる気が上がっていきます。

なお、このタイプの子どもは、常に「もっと楽な方法はないか」「抜け道はないか」と探しています。この思考が、物事を効率良くこなすことにもつながるのですが、一

方で、親御さんに対して「ここまで勉強したらテレビをいつもよりたくさん見て良いか?」とか「きょうだいがこのような得をしているので、自分もこうしてもらえないか?」など交渉をしてくることもあります。そんな際は、毅然とした態度で、お子さんのペースに巻きこまれすぎないようにすることが大切です。また、結果よりもプロセスや人間性を褒めることで、よりバランスの取れた成長を遂げます。

タイプ3の事例：小学5年生の男の子

当時5年生だった彼にとって、「勉強」とはやってもやらなくても一緒、嫌いではないけれど、優先したい遊びがあればそちらを優先する、そんな位置づけでした。お母さんとしては、彼にもう少し勉強に前向きになってほしいという気持ちを持っておられました。

彼は成功したいという気持ちが強いタイプで、ある日「お金持ちになるためにはどうしたら良いか?」とお母さんに聞いたそうです。ところが、お母さんはどう返事をして良いか分からず、明確に答えることなく会話を終えていました。

後日、セッションの中でその話を聞いた私は、「彼は成功したい気持ちが強いので、どうしたらお金持ちになれるかきちんと話してあげた方が良いですよ！」とお話ししました。

また、「卒業大学別の年収ランキング表」というものを用意して、彼に見せてもらうことにしました。ランキングの上位には、そうそうたる偏差値の大学が並んでいます。

その表を見た彼は、〇〇大学に行くとお金持ちになれるのか！　と、そこからがぜん、勉強に対して意欲的になったのです。苦手だった算数も、コロナ禍での休校中に復習を終わらせてしまうなど、イメージがついてからは一気に行動が加速しました。

今では仲良しの子と一緒に、〇〇大学に行こう！　と勉強を頑張っているそうです。

タイプ4　個性を大切にする子～夢見る魔法使い

個性を大切にする子は、人と違った特別な存在でありたいと考えています。実際に自分の感覚や感性に非常に素直

で、それが独特であることも少なくありません。

以前、私が家庭教師の派遣会社にいた頃に担当したお子さんに、こんな中学生の女の子がいました。個別指導の塾に通っていた彼女は、その塾の男性の先生について「その先生に会うと世界がキラキラする」と表現していました。「何かすごくいい香りがしてきて、もう目の前が、パーッて明るくなったようにすごくうきうきした気持ちになるんです」。一般的に見れば、それは「恋」でしょう。私は「そうか、先生と会うと、そんなにものすごく、世界が違って見えちゃうんだね」なんて、うなずきながら言っていましたが、心の中では「それって恋だよな……」とか思っている。一緒に聞いていた親御さんも、おそらく同じように思っていたでしょう。

しかし、彼女に「それは恋だよね？」と言ったところで、彼女は「違います！」と言ったと思います。恋という概念は、一般的なものです。そして本人は、自分のこの感情はそのような一般的な概念には当てはまらないものだ、と感じているのです。そういう、どこにでもあるものに当てはめられたくない。自分は独自の感性を持っているのだという、一種のプライドを持っているわけです。

したがって、個性を大切にする子は「自分はなかなか人に理解してもらえない」と思っていることがよくあります。実際に親から「ひねくれているわね」なんて言われることも多く、そうすると余計に「自分のことを理解してくれる人っていないんだ」とか「少ないんだ」などと思うことになるでしょう。

このタイプの子どもを育てる親は、悩んでしまうことがよくあります。なぜなら、このタイプは、人の話を聞かないからです。親からの「こうだよ」という様々な指導に対して、その時は「ふーん」とわかったような返事をしますが、結局、言われたことをせずに、自分が思うようにしたり、考えたりしてしまいます。

そのため親から見れば、何を言っても通じない、言ったことが入っていかないように見えます。子どもに直してほしいところがあったとしても、どうやっても直らないというので、親としては困ってしまうのです。

このタイプにやる気を出させるには、とにかく話を聞いてあげることが必要です。大人の視点から見るとくだらないような話、あるいは、簡単な理論で片付けられるような話を、回りくどくしてくることもありますが、「それって恋だよね？」などとバッサリ斬ってはいけません。「そっか、そっか」「そうなんだね」と、根気よく聞いてあげる必要があります。

そして、話の内容を否定しないこと。頭ごなしに大人が「それおかしいんじゃないの？」というようなことを言っては、やる気にさせることはできません。

何はともあれ、その子が言うことを、否定せずに聞いてあげること。そうすると、「この人は自分のことを分かってくれた」という気持ちになります。

このタイプの子は、「自分の気持ちを分かってくれた」と感じる人に対しては心を開くようになります。それが大切なのです。ただ聞くこと。聞いて、聞いて、聞いてあげること。そしてそれを否定しないことです。

たくさん話を聞いてあげて、10聞いた後に1くらいはアドバイスをしてあげてもいいかもしれません。さんざん聞いた後に、それをもうちょっと高みに持っていくための質問をするのが効果的です。たくさんの話を聞いてあげて、最後に「あなたはどうしたいの？」と聞いてあげれば、ちゃんと自分で「こうしたほうがいい」という答えを見つけていくのです。

基本的に人から言われたことは聞かない子ですが、反対に、自分で「こうだ」と思ったことはやります。周囲の大人の役割は、本人に気付かせる、ということです。気付かせ、自らやらせるのです。

その過程では、もちろん失敗もあると思います。また、やると言っていたのにやれなかった、ということもあるでしょう。しかし、親は決してそれを責めてはいけません。あまり失敗に強くないのもこのタイプ。声をかけるとしたら「できないのは珍しいね、あなたはいつもできるのにね」といったようなひとことだけで良いのです。

個性を大切にする子には、「私はできる人間なんだ」ということを、意識の中だけでも思わせておくということが重要です。すると、できる人間になりたい、そういう人間であろう……という行動が伴ってくるのです。

プライドが高いため、基本的に上昇志向は持っています。しっかり話を聞いてあげながら頑張ろうという気持ちにさせてあげること、失敗しながらもうまくいくための感覚、センスを磨かせるということ。これができれば、ちゃんと自分で進んでいくことのできるタイプなのです。

タイプ4の事例：小学6年生の女の子

私が彼女と会ったのは、受験まであと数か月しかないという切羽詰まった時期でした。大手の塾に通い、個別指導も受けているものの、成績がなかなか伸びず、勉強のやり方もわからない。しかし、どうしても入りたい中学があってなんとかしたい、そんな状況でした。

基本的に、受験まで3か月をきったお子さんのコーチングはお受けしないのですが、なんとかしたいというお気持ちがとても強かったので、一緒に今できることを全部やりましょう！　という形でスタートしました。

結果、日程の初めの学校では合格を勝ち取れなかったものの、何回目かの受験※で見事第一志望校合格を勝ち取りました。

そこまでの数か月、私が一番力を入れて行ったのは「聞く」ことでした。こんな不安がある、ここで迷っている、志望校の試験はこういう傾向だから今年はこの単元が出そうな気がする！　そういう話を、ひたすら聞きました。そして、意見を求められた時は、「これだけは伝えたい」ということを毎回一つだけ伝えるようにしていました。

通常、他の塾では先生が生徒よりもたくさん話をし、生徒の話に耳を傾けることはまずありません。ですが、それではこのタイプの子の中には話が入っていかないのです。

ただ聞く。そのことによって、彼女の中で思考が整理され、自然と解決策が見えたのでしょう。

受験後にお母さんから聞いたのは、今まで集団塾・個別指導塾・家庭教師・母親向け講座などやれることは全部やってきたけれど、おうち受験コーチングが一番伸びました！　という言葉でした。

※私立中学受験では、学校によっては何回も受けられるところがあります。

タイプ5　知りたがり屋の子～とことん突き詰める賢者

５番目のタイプは、知りたがり屋の子です。これは、いろいろなことを知りたい気持ちがとても強いタイプの子を指します。それも、部分的に知っているよりも、全体を全部知りたい、という気持ちが強い子です。例えば、自分だけ知らないことがあると、疎外感や、もやもやした気持ちを感じます。また、全体が分かって初めて「分かった！」となるのです。

知りたがり屋の子の本質にあるのは「自分は空っぽだ」という気持ちです。自分には何もないという感覚。そんな、空っぽな自分を、知識や情報で埋めていってあげなければいけない、と考えています。そのために、知識や情報をたくさん蓄えるのです。

結果として、このタイプはたくさんのインプットを行います。一方、知っただけで

満足してしまい、アウトプットをすることや、知ったことを何かに活用するというところが抜けてしまいがちな子が多いのも特徴の一つです。

勉強は、新しいことを知るということなので、知りたがり屋の子は、基本的に勉強が好きです。ただし、何回も書かなくてはいけないような、退屈なものは嫌いです。たとえば漢字を10回ずつ書きましょうとか、問題をたくさん解かなくてはいけないものなどは好みません。さらに、興味が持てないもの、面白いと思えないものについては、あまり勉強しません。つまり、本人が興味が持て、面白いと思えるものを、とことん追求できる環境を作ってあげることが大切なのです。

根底にあるのは「何で?」という好奇心。それがなぜなのか、どうしてなのか知りたくて、ムズムズするんですね。それを止めてしまうと、先に進めなくなります。「これはこういう公式だからこの通り解きなさい」とか、「何で?　とか考えずに、その通りやればいい」といったような指導をされるのはまったく好きではなく、好奇心が止められて先に進めなくなってしまいます。知りたがり屋の子にとって、合わない教え方であると言えるでしょう。

ちなみに、知るのが好きだからといって、勉強を得意と感じる子ばかりかというと、そうではありません。このタイプの子どもは、案外、理解に人よりも時間がかかるケースがあるのです。

それは大抵、自分が「分かった」と思えるような情報を提供されていない場合や、自分の知りたいことが深められない環境に置かれている場合で、理解しようとしているうちに周囲がどんどん先にいってしまう、ということもあります。

知りたがり屋の子は、「何で？」と思うところがたくさんあることに加え、部分的には分かったけれども結局これはどの部分なのか、全体はどのようになっているのか……ということがすべて理解できないと、「分かった！」とはなりません。理解に時間がかかってしまうのはそのためなのです。

この問題を解決するには、辞書や、参考書など、本人が調べられる、知りたいことをさらに深められる情報源を用意してあげることです。「何で？」と思った時に、自分で調べられる環境があることは、知りたがり屋の子にとって非常に大切なことです。

また周囲の大人、親や先生も「そんなこと疑問に持たなくていいよ」という接し方は御法度です。「そう言われてみれば、何でだろうね？」と一緒に考えてみるということをおすすめします（きっと、大人が知らないことも多いはず）。

考えたり、深めたりしていくことは、時に学校で習うことの範疇《はんちゅう》を超えていくこともあるでしょう。しかし「興味を持ったことについて深めてみる」ということを繰り返していけば、知りたがり屋の子は必ず勉強が好きになります。

また、先ほど少し触れましたが、このタイプはアウトプットが弱いことがあるので、この点だけは留意して積極的に伸ばしてあげてください。子ども自身に説明させる、あるいは書かせるといった学習をアクティブラーニングと言いますが、この方法を取り入れ、日々インプットとアウトプットをセットで行うようにすると、より良い方向に伸びていきます。

タイプ5の事例：中学3年生の男の子

彼と初めて会ったのは、中学3年生の10月でした。当時塾に通ってはいましたが、テストの点数は下がる一方で、「塾に行っても行かなくても、何も変わらない」という虚無感を抱いていました。

当時のことを振り返って彼は「塾に行ってるから家では勉強しなくていい、という感じになっちゃって、家では勉強しなかった」と言います。それでいて、塾では「この時間はこれをやりましょう」と決まっていて、本当は苦手なところを勉強したくてもそれができず、嫌だなとも感じていたそうです。

興味のあること、意識が向いていることについてはとことん向き合えるけれども、そうではないことに対しては、なかなか気持ちが向きません。「真面目にやらなきゃと思って塾に行くんだけど、不真面目になってしまっていた」と言います。

そんな折、お母さんから勧められておうち受験コーチングを受け始めました。コーチングを受けてみて、管理されすぎず自由すぎず、自分が思う通りに勉強ができると感じたそうです。

自宅での学習は誘惑も多くて、それらとの戦いも大変でしたが、途中、自分でスマホや漫画を封印するなどして、頑張って受験に向かい、無事に公立高校に合格しました。

タイプ6　安全を求める子～忠実な聖職者

このタイプは、いわゆる、安定志向の持ち主です。空気を読むことに長けていて、人としてアテにされることが多く、先生から様々なことを頼まれたり、それをしっかりこなしたりもできるタイプです。

安全を求める子が集団に入ると、「この集団の中で、自分はどんな立ち位置なんだろう?」ということを考えて、その立ち位置にふさわしい行動を取ろうとします。全体の様子やバランスなどを見ながら、自分に求められている行動をしよう、と考えているのです。

一方で、心配性なところもあります。勉強であれば、分からない、どうしよう⁉となった時には、強い不安を感じ、思考停止してしまって、そこから先に進まなくなることもよくあるのです。ですから、家庭学習においても、分からない問題があったらすぐに誰かに聞ける環境があると、安心して勉強をすることができます。

このタイプの子の親は、しょっちゅう勉強について聞かれることになると思いますが、その場合に「自分で考えなさい」と言って突き放してしまうのはまったくの逆効果です。「じゃあ一緒に考えようか」と寄り添う姿勢を見せることで、安心して勉強を進めることができるようになります。

また、空気を読む傾向の強いあまり、学校の先生がクラスのいたずらっ子、悪いことをしている子を叱った時に、まるで自分が叱られているかのように感じてしまうことがあります。それだけで萎縮してしまって、学校に行くのがつらくなるケースも時折見られます。

それほど周囲の空気を敏感に感じ取りますから、ピリピリとした雰囲気の中で勉強をするのは苦手です。家庭学習の際、分からないことをすぐに聞ける環境は必要ですが、間違えたら叱られるような環境では逆効果になってしまいます。真面目にコツコツ勉強するものの、意識は常に親の方を向き、内心怒られるのではないか……とビクビクしながら勉強をするようになってしまうのです。

注意したいのは、このタイプはストレスを感じると「とにかく形だけ整えればいい」という思考になりやすいという点です。例えば「漢字を10個ずつ書いて練習しなさい」と言われたら、10個書いて「はい、練習しました、言われた通りやりました、ちゃんとやったからいいでしょう?」となる。学習効果というようなことは関係なしに、言われたことをやっただけでもういいでしょう? と納得させようとします。

まずは安心できる雰囲気で勉強をさせてあげることが肝心。その中で、「分からないことは一緒に考えてあげるよ。大丈夫だよ」という声がけで、ストレスのない環境を整えてあげることがとても大切になるのです。

学習の進め方についても、「これをやっておけば大丈夫」「このやり方でやれば、必ずうまくいく」「信じてついてきて」と力強く引っ張っていくことも効果があります。

ちなみに、このタイプの子どもに問題集を選んであげる時には、定評のあるもの、みんなが使っているものを選んで使わせるといいでしょう。30〜40年使われている定番の問題集でも良いですし、その時流行しているものでも結構です。とにかくたくさんの人が使っているようなものを好みますので、そういったものを一つ選んで、コツコツ取り組んでいくというのが性に合っているのです。

それから、一問一問に時間をかけすぎてしまう傾向があることに気を付けていただきたいと思います。問題が分からないことに、どうしよう！　と不安を感じて思考停止してしまったり、求められた答えを出さなくてはいけない……というプレッシャーで言葉が出てこなかったりします。例えば「1問は何分までに解こうね」というルールを決めるなど、時間を意識させ一問一問をスピーディーにこなしていくようなトレーニングが効果的です。

タイプ6の事例：中学3年生の男の子

出会った当時、中学2年生だった彼は、毎日のようにスポーツをやりながら、塾に通っていました。言われた通り真面目に努力をしているものの、成績は上がらず、「勉強のやり方が分からない」というのが悩みでした。そしてその状態を、「やり方が分からなくて不安」だと表現していました。

やればやるほど成果の上がる効果的な学習方法、授業の受け方や教科書・ワークの使い方など、何をどのようにやるのかを端的に教わることで、気持ちが楽になり勉強に集中できるようになりました。

また、コーチングでは毎回、勉強のやり方の良かった所、悪かった所を明確にして、次はどのようにしたら良いかをあぶりだしていきました。その結果、さらに効率の良い学習方法について自分で考えることができるようになり、最終的に自分で決めた志望校に無事合格することができました。

タイプ７　楽しさを追い求める子～社交的なトレジャーハンター

楽しさを追い求める子は、自由であることをとても大切にします。また何かしら束縛をされること、束縛されていると感じることを、非常に嫌がります。

例えば勉強の計画を立てるという時、計画を立てること自体を嫌がることがあります。実際にあったケースでは、「金縛りに合ってるみたいだ」と言う子がいました。いつ、何時から何をして……といったようなことを決めると、その通りにやらなくてはいけない。自由がなくなる気がして嫌だ、と言うのです。

ですからもし、このタイプの子どもに計画を立てて勉強をさせようと思うなら、計画の中でもある程度の自由を持たせることが大切です。１週間の中で何をするのかを大まかに決め、「それをどういう順番でやるかはあなたの自由です」とするとか、あるいは、１日の中で何をするのかを自分で書き出させ「好きな順番でやっていいか

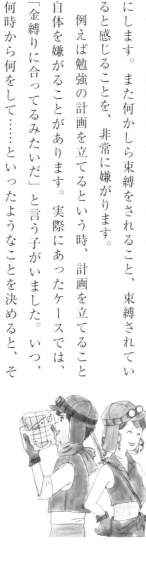

ら、全部終わったら教えて」という形にすると良いでしょう。

そして、これは勉強に限らないのですが、何かを決める時は「本人が決めた」という体裁にすることが非常に大切です。誰かに言われてやることはまったく好まず、何でも自分で決めてやりたがりますので、ここが周囲の大人の腕の見せ所となります。

晩ご飯に「今日はカレーよ」と言うのは、親が決めていることになりますが、「今日はカレーがいい？　シチューがいい？」と聞いてみて「カレーがいい！」「じゃあカレーにしましょうね」と言うのは、本人が決めているということになるわけです。

勉強も同様に、本人に決めさせる形を取るのが一番良いでしょう。ただし、勉強自体について、やる、やらないを決めさせるわけではありません。「勉強の時間ですよ！さあ、今日は国語からやる？　算数からやる？　理科かな、社会かな？」といったように、内容を自分で決めさせる状態に持っていきます。

しかもそれを楽しい感じに演出していくことがポイントです。このタイプには、「勉強は苦しいけど、頑張ってやればいいことがあるよ！」などという言い方は全く刺さりません。「なんか面白いよね、簡単だよね。楽にできるよ」という感じで、楽しく、無理のない雰囲気が重要になるのです。問題集も、難しいものを用意するのではなく、本人のレベルに合わせて、楽々とできるものを選んでいく工夫が必要です。

自分勝手なように見えるかもしれませんが、実は要領が良く、人の話をちゃんと聞いているのがこのタイプ。親が何か言ってもまったく反応がないこともありますが、それは、得た情報をいつ使うかということを自分で決めたいから。その瞬間は、親から得た情報を使いたくないかもしれないけれど、自分で本当に「この情報が必要だ」と思った時にちゃんとそれを使うことができるので、伝えたものごとに反応が薄くても気にすることはありません。

また、環境に左右されやすいのも特徴です。「みんながやってるから」と周囲に合わせる、環境適応力が高いタイプなのです。したがって、勉強が嫌いな子ばかりのグループにいると、流されて勉強が嫌いになることもありますし、反対に勉強が好きな子、得意な子の多い環境にいれば、自分も勉強を好きだと思うようになります。

受験を考えて学校を選ぶような場合などは、子どもの力が伸ばせる良好な環境を用意してあげることが大切です。

親はあくまでも環境を用意することに注力し、楽しさを追い求める子をコントロールしようとしないことを肝に銘じましょう。環境といっても、選択肢のない細い道を用意するのではなく、その子が動き回れるような広い範囲を用意してあげるイメージを持ってください。

そして、「いつ頑張るか」は本人に決めさせることです。大人のペースでは動きませんから、おおらかに見てあげる必要があるでしょう。

このタイプの子は、親が「操縦」しようとすると失敗しますが、「信じて泳がせる」ようにするとうまくいきます。彼らは、意外と現実的な感覚を持って、分相応な努力をし、自分にとって居心地の良い状況を作っていくことが得意なのです。

タイプ7の事例：小学5年生の女の子

彼女は、5年生から受験のための塾に通い始めました。

しかし、得意単元と不得意単元の差が激しく、なかなか塾の成績も上がりません。例えば、そろばんを熱心にやっていて計算力はとても高いのですが、文章題や図形、そして国語にも大きな苦手意識がありました。

はたから見ていると、本当に苦手というよりも、計算ができすぎるために、それと比べて難しそうな文章題や図形を嫌厭しているように見えました。

ただ、このタイプのお子さんは、「やればできるのに」と周りから思われつつも、「嫌なものは嫌、できない」と、気持ちが乗らないとまったくできないのです。一方で、誰かが一緒にいて、楽しそうな雰囲気でやれるときは、嫌なことでもはかどります。

そこで、苦手なものは、マンツーマンで励ましながら一緒に学習を進めるようにしました。また、中学受験専門塾では4年生で学習する内容を学習していなかったので、抜けているところを夏休みに集中的に学習してもらいました。

その結果、算数の偏差値が15上がるなどの成果が出て、苦手な部分についても以前より前向きに取り組めるようになりました。

タイプ8　兄貴・姉御タイプの子〜人情味あふれるボス

男の子なら兄貴タイプ、女の子なら姉御タイプの子。このタイプの子どもたちは、実際にリーダーを任されたり、自ら進んでリーダーを務めることがよくあります。また、何でもハッキリと話すところも特徴的です。

物事はYESかNOか、白黒ハッキリつけなければならないと思っていることが多く、「これは、こうするべき」とか、「世の中はこうなっている」とか、断定的な話の仕方をする様子が見られるでしょう。

兄貴・姉御タイプの子が大切にしていること、それは「人から下に見られてはいけない」ということです。その場の主導権を握っておくことは、彼らにとって非常に重要な意味を持っています。

このタイプの子は、「自分は人見知りだ」と言うケースが多いです。慣れると良いけれど、慣れるまでは様子をみています。何を見るかというと、「この場の主導権を握っているのは誰か」とか、「この人は本当に信用できるのか？」ということです。その場の主導権を別の人が握っていると感じたり、信用ならない人だと感じると逆に主張しなくなったりするところがあります。

このタイプは、世の中や、自分の置かれた環境を、弱肉強食の状況で捉えていることが多く、食うか食われるか、弱みを見せたらやられる……と、言ってみれば本能的なところで行動しています。自分自身が場を左右する立場でいたいと考えるのはそのためです。本当に信頼している人に対してならば、弱みを見せることもありますが、それ以外の人に対して不用意に弱みを見せるようなことはありません。

従って、このタイプの子にやる気を出させるために声がけをするのならば、まずは発言者を選ぶ必要があります。子どもが信頼している人から声がけをするのが最も効果的なのです。周囲の人がちょっと「こうしなさい」「こうだよ」と言ったところで、心に響かないし、動きません。例えば、お母さんの言うことはなかなか聞かないけれど、お父さんの言うことだったら聞きます、という子どもならば、大事な話をする時はお父さんから、とするのが望ましいです。

挑戦的なところがあるので、やる気のある時は、何も言わなくてもガツガツと取り組む姿勢が見られます。一方で、やる気のない時にはグダーッとなったりして、傍目から見てもわかりやすい子どもと言うことができるでしょう。

また自分の意見をしっかり言える子が多いため、「言いたいことを飲みこんでいるのではないか?」と、過剰に気遣ってあげる必要はありません。

その代わり、オブラートに包んだ言い方をされることを嫌います。思っていることをはっきり言う分、親からも「はっきりと言ってほしい」と考えているのです。ですから、ダメな時はダメ、と言っていいです。逆にオブラートに包んだ言い方しかしない親、子どもにおべっかを使うような話し方をする親は、少し冷めた目で見られてしまうかもしれません。

本人にとって大事なことだな、と思った時は、たとえ厳しい内容でも愛情を持って伝えることが必要です。その子が信頼している人から、はっきりとストレートに言ってもらうといいでしょう。

勉強は、どちらかと言うと頑張りがきく、短期集中タイプです。「夏休み1か月で、偏差値を10～20上げましょう、そのためにはこれだけのことをしてください」と言えば、やりきることができる。ガッツがある子どもなのです。

タイプ8の事例：小学6年生の男の子

私が彼に会ったのは、小学4年生の夏休みでした。当時、ある程度の学習習慣はついていたものの、それがゲームやテレビ等のご褒美目当てである事を、お母さんは不満に思っていました。また勉強に対して受け身で、「次は何を勉強すればいいの？」と聞かれる事も多かったそうです。

コーチングをスタートすると、「しおり先生に言われたことは、ちゃんとやる！」と私が提示した課題を、ガッツリとこなしてくれました。お母さんは、まるでゲーム感覚のように、日々決められたノルマをこなすようになりました！　とおっしゃっていました。

そんな風にして1年半、家庭で学習を進めていたのですが、学習内容が難しくなるにつれて、少しずつそこに一人で立ち向かうのがしんどい様子が見られるようになってきました。それでも、負けず嫌いの彼は、しばらく弱音を吐かず、おうちでは分からなくて泣いたりもしながら、必死で頑張っていました。

私としても、この子は集団の中で切磋琢磨することでより伸びるだろう、受験が近くなったら最後は塾でライバルと競い合った方が良いかもしれない、と思っていました。そのため、その様子を見て「そろそろかな」と、季節講習の受講を勧めました。

塾で受けた初めてのテストで、彼はいきなり上位4分の1（偏差値58程度）に入ることができました。その時に彼は、「塾に通ってる子に負けなかった！　しおり先生のやり方は間違ってなかった！」と言ったそうです。今は、これまでに身につけた効果的な学習方法を活かして、塾で切磋琢磨しながら頑張っています。

タイプ9　平和を愛する子～穏やかな空気をまとう仙人

平和を愛する子が持っている最大の特徴は「マイペース」です。また、一つひとつのことをするのに、他のみんなよりもちょっと時間がかかる。そのために周囲から誤解をされやすい、というところがあります。

例えば学校では、何かを作る、問題を解くなど、何をするにも時間が決められていますが、このタイプの子は時間内にできないことが少なくありません。体育などを含めてどの教科でも「時間が来てしまったら提出しなくてはいけない」「時間までに、できるようにならなくてはいけない」ということがよくありますから、評価としては「完成しなかった」「ちゃんとできなかった」と判断されてしまうのです。

したがって、平和を愛する子は、自分に自信を持ちにくい傾向にあります。特別高

い目標を掲げることもありませんが、自信もない。自信がないところへ「できないね」「できなかったね」という評価を受けてしまうので、本当に自分はできないんだな、自分はしょうがない人間なんだな……と、どんどん自己肯定感が下がってしまう悪循環が生じやすいタイプなのです。このような調子ですから、勉強に対してもあまり意欲を感じさせない子どもがよく見られます。

では、どのようにしたらやる気になるのでしょうか。肝心なのは、とにかくスモールステップで、少しずつ、一歩ずつ、積み上げていくということです。

いきなり高い目標を掲げることは、「できないかも」と思わせる原因となります。そして、一度でもそう思ってしまうと逃げたくなるか、あるいは、面倒くさいな……と感じて尻込みをしてしまうのです。まずは、「できないかも」と思わせないことが必要です。

本人が「これならできそう！」と思えることを、ちょっとずつやらせます。できたら、すかさず褒めてあげる。次にまたちょっとやる、褒める、またちょっとやって、褒める。

このようにしていくと、徐々に、子どもの意識が変化していきます。「自分はできないと思っていたのだけれど、本当はできるのかもしれない」という気持ちになってくるのです。

このタイプは、コツコツと続けることがとても得意です。例えば習い事をしていて、端から見ても「あまり向いていないのかな、上達していないな」と思うことでも、自分から「辞めたい」とは滅多に言いません。目覚ましい成果が出ていなくても、地道に続けていくことができてしまうタイプでもあるのです。一度始めたら、なかなか辞めたがらないため、習い事をする場合は、始める前に親の立場からもしっかり選んだ方が良いでしょう。

また、マルチタスク型の子どもではありませんので、あれこれといろいろなことをやっても実りが少ない結果になりがちです。何か一つ目標を決めて、じっくりとやっていくのが合っています。

勉強に関してもコツコツと習慣にして、続けることが合っています。このタイプは、素晴らしいものを持っています。

何事もパッパと要領良くやる子が、よくよく見ると「三歩進んで二歩下がる」というようなケースがありますが、このタイプの子にはそれがありません。一歩進んだら確実に一歩進んでいる。本当にゆっくりですが、確実に着実に、前に進んでいき、後退しないのです。

親が心がけたいのは、「人よりも早めにスタートを切らせてあげる」ということです。例えば中学受験では、4、5、6年生の3年間で仕上げていくのが普通、などと言われます。それならば、このタイプの子どもにはそれよりちょっと早めに、3年生、あるいは2年生からスタートをさせて、先取りをさせてあげるのです。ゆっくりゆっくりちょっとずつ、負担のない程度に先取りさせていきます。

短期集中で、大きな力を出して急上昇していくタイプではありませんので、とにかく長期戦が大前提です。他の子どもたちよりもちょっと長めに時間を取り、一つのステップを小さくすることで、最終的に、大きなものを得ることができるのがこのタイプです。

長いスパンで見て、スモールステップで前に進み、こまめに褒めてあげること。この3つを丁寧に行っていくように心がけましょう。

タイプ9の事例：中学2年生の男の子

彼と初めて会ったのは、小学6年生の秋でした。夏休みは学習塾に行っていたのですが、とにかく大量のプリントをこなすので精一杯で、成績は上がりませんでした。お母さんから「勉強しなさい」と言われたら、特に反抗することもなく勉強をしていたものの、「もうYouTube見ていい？」といった発言も多く、ただ言われたからやっている、という状況でした。

コーチングを受けてからは、自分の目標と今やるべきことが明確になり、それだけでも、点数が30点くらいアップしました。良い点数が取れた日、とびきりの笑顔でそれをお母さんに報告してくれたそうです。

その後、中学に上がってからも、こちらが勧めた学習法にコツコツ毎日取り組んでくれました。中学最初の定期テストは決して良い点数・順位ではありませんでしたが、常にポジティブな彼はテストごとにPDCAを回しながら学習の改善をし、なんと1年未満で130番も学年順位を上げてしまいました。

タイプ診断の限界

ここまで、性格タイプ別に、お子さんをやる気にさせるポイントについてお伝えしてきました。この診断結果は、お子さんのやる気に火をつけたり、習慣を継続していく時にとても参考になります。

そして、親が子どもに相対する時に、もしくは教師（講師）が生徒に相対する時に、「相手は自分と違うんだ、同じやり方は通用しないかもしれないし、もっとこの子に合ったやり方があるかもしれない」と、自分とは異なる一人の人格を尊重するという点でも非常に役に立ちます。

子どもの教育が失敗に終わるのは、多くの場合、「個々の子どもへの理解が浅いこと」と「正しい教育の知識がないこと」に原因があります。このタイプ診断は、前者の「子どもの理解」を助ける有力なツールなのです。

しかし一方で、危険も孕んでいます。というのは、「この子はこういうタイプだから」と型にはめて考えてしまい、目の前の、今の我が子（生徒）の状態を見誤ってしまう可能性があるからです。結果はあくまで「参考」にしつつ、目の前のお子さんの状態をより正確に把握することが大切です。

では、どうしたら正確に子どもの状態を把握できるのでしょうか？
それが、「コーチング」で可能になります。次の章では、子どもの教育におけるコーチングの可能性と、簡単なやり方をお伝えしたいと思います。

第4章

子どもが自ら成長する！ 親子コーチングの可能性

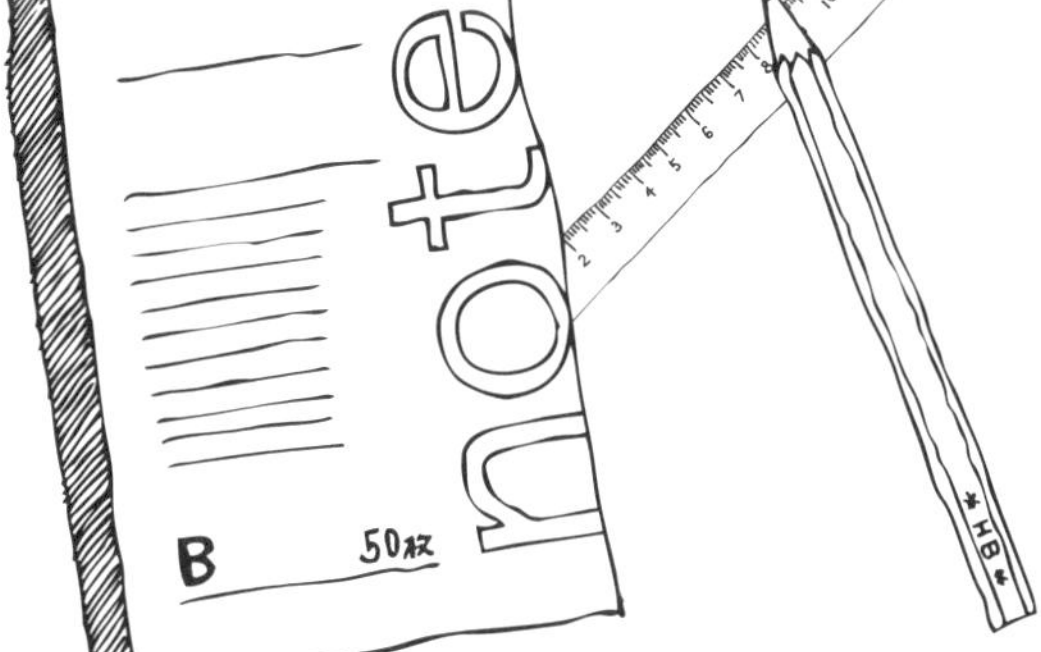

性格に合わせた声がけの限界を打ち破るものとして、私がいま実践しているものが、コーチングです。ここでは、子どもの個性に合わせてさらに伸ばしていく「親子コーチング」についてご紹介します。

コーチングとは

近年「コーチング」という言葉を耳にすることが増えてきましたが、「そもそもコーチングって何なの？」と感じている方も多いことと思います。

「コーチ」と言うと、パッと思い浮かぶのがスポーツの世界ではないでしょうか。例えばオリンピックに出ている選手でも、コーチが付いていない選手はほとんどいないでしょう。スケートの羽生結弦選手も、本人に才能があり、意欲も高い方ですが、コーチなしで金メダルを取れたかというと、やはり難しいところがあるのではないかと思います。

「コーチ」というのは、本人が思っている目標に対して、一緒に伴走をしながら、その力を最大限に引き出し、一緒に目標を達成していく存在です。

「カウンセリングとどう違うのですか？」と聞かれることもありますが、カウンセリングというのは、マイナスをゼロに戻すためのもの。心が少しマイナスに傾いてしまった時に、そのような状態をゼロへと癒していくものだと考えると良いでしょう。対する「コーチング」は、ゼロからスタートし、より高みへ持っていくためのスキルです。

コーチングにおいて、一番大切なのはマインドです。さらにそこへ基本的なスキルを取り入れていくことによって、親子関係を良くしていったり、子どもが自主的に成長するという結果を期待することができます。

小学生の間は、子どもは親のかけた言葉によって成長していきますが、中学、高校と学年が上がっていくと、徐々に親離れをするようになります。実施されたはずのテストの結果を親が見せてもらっていない、というのはよくある話ですが、もし親から子どもへのコーチングがしっかりできていれば、やがて子どもが自分で自分をセルフコーチングできるようになっていきます。

親子コーチングの最終的なゴールは、子どもが自分でセルフコーチングを行い、自分で自分の未来を切り拓いていけるようになる、というところにあるのではないかと考えています。

ちなみに私自身は、小学校3年生までは非常にやんちゃな子どもでした。保育園の時は、しょっちゅう先生と喧嘩をしていた記憶があります。小学校に入って間もない頃、授業で学校の中を見学したことがあったのですが、途中で小さなエレベーターを見つけた私は、ちょろちょろとそこへ入りこんでしまいました。先生がびっくりしたのは言うまでもありません。それは、給食用のエレベーターだったのです……といった調子で、とにかく結構、いろいろなことを「しでかして」いました。

とりわけ3年生の時の先生とは折り合いが悪く、授業の邪魔になるようなことをしては廊下に出されることも珍しくありませんでした。通知表も散々な結果、当時は3段階評価でしたが、私の成績表には「1」に相当するものさえ付いていました。

ところが、4年生になり担任の先生が変わると、なぜかその先生が私のことを大変褒めたり、認めたりしてくれるようになったのです。「あなた本当はできる子よ」と言ってくれて、何を提出しても、「素晴らしいわね！」「やっぱり違うわね」……なんて、とにかく褒めてくださいました。

私自身としては、自分が素晴らしいとか、本当はできるとか、少しも思っていなかったのです。ですから最初は「何でこの人こんなこと言うのだろう？」と訝しんでいました。頭の中は疑問符でいっぱいです。

しかし何回も何回も言ってくれるものですから、だんだん「私、もしかしたら本当はできるのかもな……」とか、「この人がこんなに信じてくれているんだったら私、もっと頑張りたいな」といったような気持ちになってきたのです。

いつしか授業の妨害はしなくなりました。提出物をちゃんと出したり、テストの前には勉強したり……といったことも、自主的にやるようになったのです。

今、思うと、この先生が私にとってのコーチ的な存在だったのでしょう。その先生とは今でも、年賀状でやり取りをしています。先生のおかげでこうして成長できた私ですが、私がこの先生に出会うことができたのは、まったくのたまたまでした。このようなコーチに出会えるのは非常に素晴らしいことですが、探しても出会えるかどうかは分からない。

それに難しいのは、その子どもにとって良い先生が、一般的な意味での「良い先生」であるとは限らないという点です。恩師のことも、他の生徒から見れば「私を贔屓している」と見えたかもしれません……。


ただその点、お父さん、お母さんは、子どもの一番近くにいることができる存在であり、親子関係の中であれば、どれだけ贔屓をしても誰にも害は及びません。家の中では「あなたは最高！」「あなたが一番よ」と、周りの目を気にせずに、思い切り伝えてあげられますよね。

親が完璧なコーチにならなくても構いません。日々の生活や学習、声がけに、コーチング的な考え方を取り入れるだけで、子どもの力をもっと引き出せる環境作りができるようになっていきます。

自分の気持ちを表現できる子になる！　傾聴スキル

コーチングに必要なスキルは、大きく分けて三つあります。そのうちの一つ目が「聴く」、傾聴です。つまり、まずは子どもに対して、聞き上手になることを目指しましょう。

子どもが話すことを実際に耳で聞くことはもちろんですが、子どもの心に耳を傾けるということも傾聴の大切なポイントです。子どもの心に耳を傾けるということは、子どもの気持ちを理解できるようになるということでもあるのです。

傾聴ができるようになると、まず何よりも、親子のコミュニケーションの量が増えるという利点が出てきます。話を聞いてもらえることが分かると、子どもは自然と思っていることをいろいろと話してくれるようになります。親の側も、だんだんと子どもが話すこと、子どもの考えを理解できるようになる。そこから、親子の絆が深まっていきます。

さらに、親子のコミュニケーションが円滑になることによって生じる利点は、絆が深まるということだけではありません。

たくさん話す子どもは、話すことが上手になっていきます。大人の言葉で言うと、コミュニケーション能力が上がるのです。このコミュニケーション能力がより生きてくるのはいつかと言えば、それは就職の時。企業が新卒を採用する時に重視する力は何かと調査すると、この20年近くずっとトップをキープしているのが、コミュニケーション能力。こう答える企業の割合は、年々上がってきています。

中にはプレゼンのトレーニングなどを行う教室もありますが、コミュニケーション能力のベースになるのはあくまでも1対1の会話です。会社で上司が言っていることの半分も理解できなかったり、言われたことを自分の言葉で表現できなかったりする人は案外多いものですが、これではどんなにプレゼンが上手でも仕事になりません。

すべては相手の言っていることをちゃんと理解して、それに対して自分の言葉で返すことができる……という、シンプルな1対1のコミュニケーションであって、親子

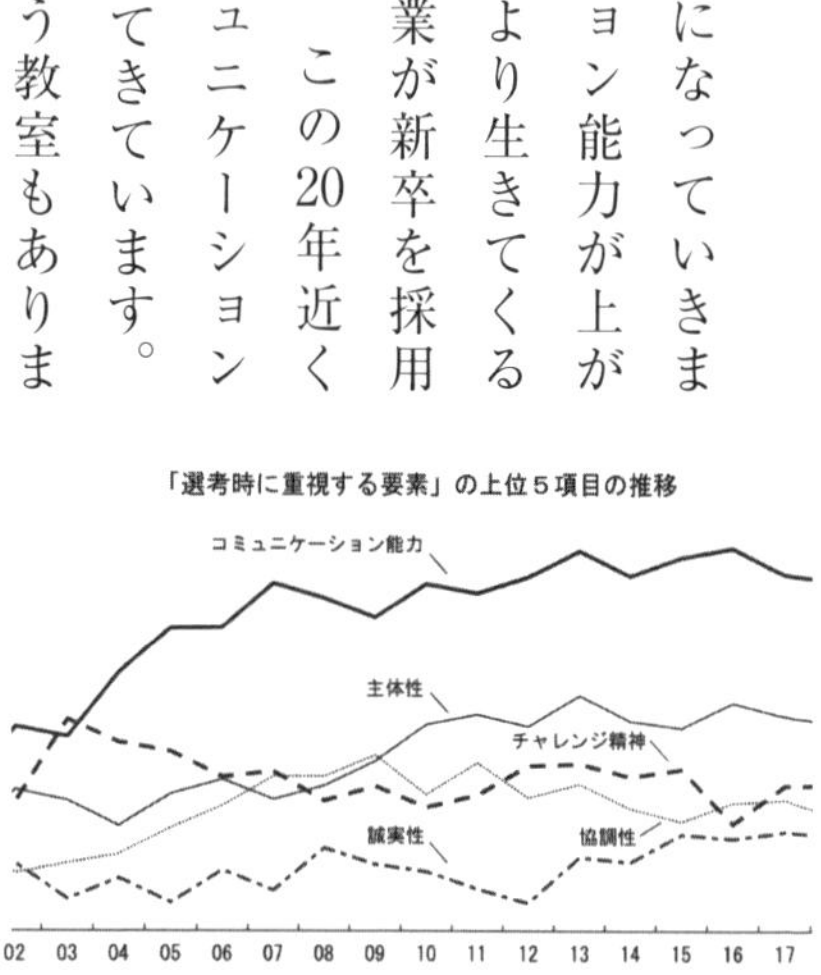

2018年度新卒採用に関するアンケート調査

の会話と基本はまったく同じなのです。

親が傾聴できるようになると、子どもがたくさん喋ってくれ、さらに親もたくさん喋るようになるので、会話量自体が増えます。コミュニケーション能力は、このようにして自然とトレーニングされていくのです。

会話そのものだけではなく、「こういう風に喋ったらお母さんの顔色が曇った」とか「こういう風に喋ったらお母さんが嬉しそうに動いてくれた」といったような非言語の部分も含めて、子どもは感じ取り、学んでいく。これこそがコミュニケーション能力の原点となります。週に1回、コミュニケーション能力の教室に通うよりも、親子の毎日の会話の中で行われるトレーニングの効果の方が絶大だと言えるでしょう。

話すことには自分自身の思考が整理されていく、という利点もあります。さらに親の方も、子どもがいろいろと話してくれる事柄の中から、学校でのトラブルを抱えてきた時や、何か落ち込んでいる時など、可能な限り早く察知して、対応してあげることができるというのも良いところです。

同様に作文のトレーニングをすることも有効です。就職だけではなく、今の大学入試、高校入試、中学入試でも表現力は非常に重視されるようになってきています。しかし、そもそも「書くことがない！」という問題を抱える子どもも少なくありません。何を思っているのか、何を感じたらいいのか。自分の意見がわからなければ、テクニックをトレーニングしても、書けるようにはならないのです。

したがって、普段から家族に思ったことを言えることや、自分で表現するトレーニングを続けることは、非常に大切です。

親が上手に傾聴することができるようになると、子ども自身のコミュニケーション能力が上がって、受験勉強にもプラスになりますし、社会に出てからもプラスになります。ぜひ子どもの話をよく聞く、傾聴することで、自分の気持ちを表現できる能力を育ててあげてください。

踏みつぶされても立ち上がれる子になる！　承認スキル

昨今、自己肯定感、なんて言葉をよく聞くようになったのではないかと思います。子どもの自己肯定感に大きくかかわるのが、コーチングに大切な「承認」という二つ目のスキルです。

自己肯定感とは、自分を信じる力のこと。日常的に自分をどれだけ信頼できているかということでもありますが、むしろ、何か失敗をした時、うまくいかなかった時に、自分をどれだけ信じられるか、ということに大きく影響すると考えます。

今回は失敗したけれども、それは自分自身がダメな人間だからではなく、やり方が悪かったから失敗したんだ、次こそできる！　と、信じられるかどうか。このような自分を信じる気持ちがあるかないかで、その人が達成できることがまったく変わってきます。失敗した時ほど役立つのが自己肯定感です。

自己肯定感の高い子どもも、つまり自分を信じている子どもは、「ここまでいける！」

と高い目標を立てることができます。さらに、途中で何があったとしても「まだ大丈夫、いける」と思っているので、諦めることなく、ちゃんと目標まで到達することができるのです。

一方、自分を信じられない子どもは「どうせやってもダメだし」などと、最初から諦めていたり、「失敗したのは自分が悪かったんだ」と思ってしまったりするので、最後まで行き着くことがなかなか難しくなってしまいます。

では、子どもの自己肯定感はどうやったら高めてあげられるのでしょうか？

実は自己肯定感を高める、という点において圧倒的な力を持っているのは、親の声だけです。お父さん、お母さん、もしくはそれに相当する保護者の方。子どもにとって、自分のことを本当に考えてくれて、自分の幸せを願ってくれる人。そういう人たちからの「承認」の声だけが、子どもの自己肯定感の高まりに圧倒的な影響を与えることができます。

ただしここで、落とし穴があります。「承認をする」と言うと、何が何でも子どもを褒めてあげなくてはいけない！　と思うかもしれません。しかし、褒めるにも様々な種類があり、単に褒めればいいというわけではありません。褒め方を間違えると逆に自己肯定感が下がってしまうこともあるのです。

自己肯定感を高められる褒め方をするには、バランスよく承認をする、ということがポイントになってきます。具体的には、結果について承認をしたり、その過程について承認したり、存在そのものに対して承認をしたり。これらのバランスが崩れると、限られた範囲でしか自己肯定感を持てなくなることもあります。

これらをうまく使い分けながら承認し、子どもが自分で自分を信じられるように育ててあげることによって、「何があっても自分は大丈夫だ！」と信じながら、生産的な活動に取り組んでいくことができる子どもに育っていきます。

自分で自分を成長させられる子になる！　質問スキル

コーチングの中でも、一番難しいと言われているのが、三つ目の「質問」のスキルです。なぜ、難しいかというと、私たち親の世代というのは「問いを立てる」というトレーニングをほとんどしてこなかったためであると考えられます。

親世代が学校教育を受けていた頃は「既に立てられている問いに対して、どれだけ速く正確な答えを返すか？」ということをひたすらトレーニングしていました。しかし、実際社会に出てみたら、既に問いが立てられていることの方が稀で、「何に疑問を持つのか？」というところから自分で考えていかなければならない。それまでまったくしてこなかったことを急に考えろと言われても、少しもトレーニングをしていないのですから、非常に難しい。親の世代はそうした壁にずっとぶつかってきた世代でもあります。

しかし、親がどのように上手に問いを立てるかによって、子どもの人生や成長は、まったく違うものになるというのが現実です。

子どもに対して、日々問いかけをしている！　と言う親もいます。この時によく考えたいのが「あなたの質問は、尋問になっていませんか？」ということです。警察の取調室……というほどではないかもしれませんが、子どもに対する質問が尋問と言うべきものになってしまっていると、これはまったくの逆効果です。

例えばテストの点数が悪かった時、親がよく言うことの一つに「なんでこんな点数になっちゃったの？」というものがあります。あるいは、子どもが親の思い通りのタイミングで動かないからといって「なんでもっと早くできないの？」というように聞いてしまう親もいる。「なんで」という言葉が最初に付くのは、大体、尋問に近い声がけです。

「なんで」と言われた時の子どもの反応や気持ちを考えてみてください。もちろん年齢や性格にもよりますが、幼い子どもであればたいてい、「シュン」と落ち込んでしまいます。中には泣いてしまう子もいるでしょう。

少し大きくなって、口が立つようになると、「そんなこと言ったってできなかったんだからしょうがないじゃん」と言ってみたり、「うるせぇ」と逃げてみたりするでしょう。

性格によっては、親から「なんでお前はできないんだ」と言われた時に、「そっちだって、できてないじゃん」などと言いながら、親を越えてやる！　という気概を持つ子どももいますが、これは非常に稀です。ほとんどの子どもは、シュンと落ち込む結果となります。

そこでよく考えてみていただきたいのです。

「シュンとなった後、子どもに成長があるのか？」ということを。

私は、様々なお子さんとお会いし、この手の話を山のように聞いてきました。子どもが小学生の時に、親が「なんで」「なんで」と聞いていたご家庭の子は、中学生、高校生になって定期テストの点数が悪かった時に「次こそ頑張ります」と言います。しかし、現実はそうはうまくいかない。頑張れないのです。なぜなら「なんで」と言われて育った子どもは、どうやって頑張ればいいかが分かっていないからなんですね。

テストが終わって3、4日は、頑張って勉強することもありますが、数日経ってほとぼりが冷めるとやらなくなる。次のテストが近づくと、直前に「ヤバイ！」と、またちょっと頑張りますが、やっぱり良い点数が取れない。また落ち込んでは「次こそ頑張ります」と言う……。結局、具体的な解決策や、ポジティブな解決策に思考が至っていないので、ループから抜け出すことができず、同じことを繰り返してしまいます。

小学生の頃は親からの尋問を受け入れていたとしても、中学生くらいになると、テストの結果が悪いと親に見せないなど、尋問を回避するようになります。では、親から尋問されなければ、子どもは何も思わないのでしょうか？

いいえ、そうではありません。小学生の頃に、親から尋問形式の質問ばかり投げかけられた子は、中学生になってテストで悪い点数を取ると、たとえ親に何も言われなくても、過去に親から投げかけられた問いを自分で自分に問いかけてしまうようになるのです。

「なんで、自分はできないんだ」「なんで、早くできないんだ」……と、どんどん自分を追い詰めていくようになります。

したがって、親が尋問形式の質問をしている限り、ポジティブな解決策は出てこないのです。そして、このようなことになっている子どもがとても多いということも事実です。

親の側から見れば、どうやって良い問いを立てたらいいかというトレーニングをしていないわけですから、質問が難しいのは当然と言えば当然です。しかし、成功に繋がる問いを子どもが小さいうちからかけてあげることによって、中学生、高校生、大人になってからも、自分自身にポジティブな答えが出てくるような問いを投げかけられる人間に育つようになるのです。

質問スキルのポイントは「大人になってからもずっと成長していけるような子に育つ」こと、そのような問いを問いかけることである、と覚えておいてください。

目標と目的を使い分け、夢を叶える

コーチングにおいては、目標や目的をどう決めていくのか、ということも非常に大切です。

目的や目標を、はっきりと語れる子どもは多くありません。そこで、何を目標にするのか、何を目的にするのか……ということを、子ども自身で気付けるように親が一緒になって考えてやる必要があります。

まずは、なぜ目的や目標を決めるのか、ということを考えてみましょう。

何かを成し遂げるためには、やはりある程度の時間が必要になります。小学生や中学生の子どもは大人に比べてたくさんの時間を持っていて、言わば可能性のかたまりです。何にでもなれますし、好きな人生が送れるように思えます。

しかしこの時間を、目的も目標もなく、向かう先が決まらないまま、あっちへこっちへと様々なところに使ってしまうと、それは単なる時間の浪費となり、どこにも辿り着けなくなってしまいます。だからこそある程度の目的、目標を、意識しておくことが必要になるのです。

ただこれは、特に10歳以上の子に言えることだと考えてください。1年生から3年生くらいなら、遠い目標を立てるより、この1週間は何を頑張るか……くらいの目標でいいでしょう。

ところで、目的と目標の違いとは、一体何なのでしょうか。簡単に言うと、目的はゴール、最終的に行き着く地点です。目標はその途中、途中にある、クリアすべき課題となります。最終的なゴールである「目的」に向けて、どのような道筋を辿っていくかを示すものが「目標」ですので、目的にたどり着くまでに、いくつもの目標をクリアしていく、ということになります。

目的に関してはある程度定まったらあまり変わらないものだと言えるでしょう。対して、目標はいつまでに何をするかを具体的にするものですので、柔軟に変えていっても構いません。

ちなみに、目的というのは案外抽象的でもいいものです。もしかすると、一生叶わないかもしれませんが、それでも構いません。

例えば私で言えば「世の中の子どもたちがみんな、自分の才能を活かして大人になってほしい。嫌なことをイヤイヤやるのではなくて、自分が好きなことや得意なことが最大限引き出され、本人もハッピーだし、社会全体もハッピーな状態を実現したい」ということが、最終的な目的です。そのために、おうち受験コーチングをしているわけです。

私にとっては、大学院で研究することも、家庭教師の会社でやってきたことも、今はおうち受験コーチングをしているということも、すべてこの目的のために動いていることです。


逆に目標は、いつまでに、何をするか、ということをできるだけ具体的に子どもと一緒に決めていきましょう。

しかし、ただ目標を立てれば良い、と子どもに伝えてしまうと、目標はいとも簡単に形骸化してしまいます。達成できない目標を立てたり、目標が達成できたか確認しなかったり、次の目標に前回の結果を生かさなかったり。そんなことが、子どもたちの周りでは繰り返されています。そうならないために、私たちはまず「良い目標とは何か」を知る必要があります。

良い目標とは、つまり、ＳＭＡＲＴの５つを満たした目標のことを言います。

S：Specific（具体的に）

M：Measurable（測定可能な）
A：Achievable（達成可能な）
R：Related（目的に合っている）
T：Time-bound（時間制約がある）

私はこの考え方を社会人になってから知りましたが、小学生・中学生の頃から知っていたら！　もっとたくさんのことができていたかもしれません。なぜなら、適切な目標を設定することが、夢を叶えるための第一歩だからです。

一つひとつ説明しますね。

S：Specific（具体的に）
これは、知らない人が聞いてもパッと理解できる具体性がある、という意味です。
たとえば、「一番になる！」だけだと、何のことか分かりませんよね。「今度の体育祭の徒競走で一番になる」と言われれば、誰でも理解できます。

M：Measurable（測定可能な）

これは、よくお子さんたちが抜かしてしまうポイントです。「テストで良い点を取る」と言われても、「良い点って何点？」ってなりますよね。70点は良い点なのか、80点が良い点なのか、はたまた、前回のテストより1点でもよければ良い点なのか分かりません。基準が分からないということは、立てた目標が達成できたのか達成できなかったのか自体が、よく分からなくなってしまうということです。

そもそも、立てた目標が達成できたのかどうか分かるように、測れる目標を立てましょうということです。

A：Achievable（達成可能な）

この点も、お子さんたちは曖昧にしがちです。日本には「努力目標」という不思議な言葉があるのですが、良い目標は「努力目標」ではいけません。達成できそう！と思えること、おそらく達成できること、そのような目標を立てなければなりません。

では、なぜ達成できそうな目標でないといけないのでしょう。その理由にはまず、達成できそうだと本気で思えない限り達成することはないということと、達成し続けることで自己肯定感が上がったり、次の目標が見えてきたりするということが挙げられます。ですから、達成が難しい大きな目標を立てることよりも、確実に達成できる小さな目標を立て続けることが、夢を叶えるためには大切です。

そしてもう一つ。「自分がどのくらいできるのか」を正確に理解しているお子さんはとても少ないです。小学生はもちろん、中学生でも、1割に満たないと思います。しかし、自分のキャパシティーや力量を正確に把握できないと、「詰めが甘くて受験に失敗してしまった」「できないのにできると言って安請け合いし、苦しくなってしまった」ということが起こります。

体力的にも精神的にも無理なく、自分のパフォーマンスを最大限に引き出すためには、適切な目標を探る中で自分の限界を知ることも必要不可欠なのです。

R：Related（目的に合っている）

これは、大人の方はあまりないですが、小学生くらいのお子さんは、たまに抜けてしまうポイントです。

目標を立てるのであれば、その目標は最終ゴールと方向性を同じにしていなければいけません。例えば富士山に行こう！　と東京から出発して、西の方に向かえば良いのですが、東や北に向かっていては一生富士山には到達できませんよね。行きたいなといくら夢見ていても、それに見合った行動をしていなければ、一生辿り着けません。

大人には自明のことなのですが、小学生のお子さんと話していたりすると、「漢字テストで満点を取りたい！」と言うのに、「漢字の勉強はしてません！」と言う子がいたりします。なので、ゴールにいきつくためにまず何をしたら良いか、一緒に考えてあげるのが良いでしょう。

T：Time-bound（時間制約がある）

最後に、時間の制約があることも大切なポイントです。なぜなら、「ギターを買って、弾けるようになるぞ！」と意気込んでも、それが3か月後なのか、3年後なのか、期限を決めていなければ、いつまで経っても達成しない、ということになりかねません。期限を決めるから、人は行動できるようになるのです。

目標設定のポイント	
	S：Specific （具体的に）
	M：Measurable （測定可能な）
	A：Achievable （達成可能な）
	R：Related （目的に合っている）
	T：Time-bound （時間制約がある）

第5章

毎日机に30分！
習慣づけは準備で決まる！

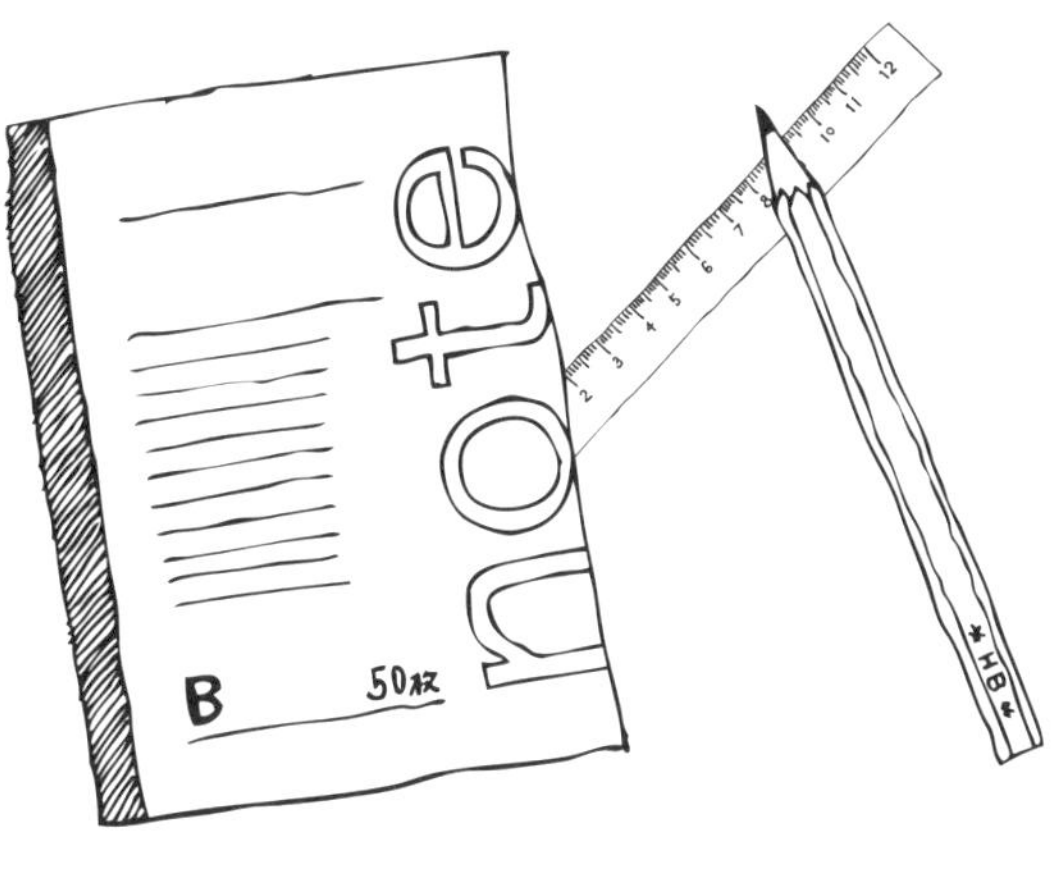

なぜ準備が必要なのか

学習を習慣化するために、一番大切なのは学習の準備です。

勉強が苦手な子は、学習に取りかかるまでにとても時間がかかります。「あ、勉強する時間になった。勉強しなきゃ」と、思うことは思うのですが、そこからが大変。「勉強しないとな。今日、何やるんだっけ？　あれ、教科書どこ行ったっけ……」そんなふうに、ずっと何かを探していることがあります。そのうち漫画を見つけて読み始めてしまい、時間が経って「あれ、何するんだっけ？」ということが、よくあります。

勉強は、3分でクッキングをする番組と同じ。観ていると、野菜が既に切ってあったり、オーブンで1時間既に焼いたものがパッと出てきたり、とにかく様々なことが準備してあることがわかります。これだけの準備ができているからこそ、3分という番組内で短時間ではとてもできない料理が完成するわけです。

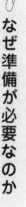

勉強をする習慣のない子ども、まだ勉強に対して前向きな気持ちが持てない子どもについては、このぐらいの準備があってちょうどいいものです。既にしっかりと準備ができていて、「始めるよ！」となったらパッと、すぐに始められ、やったらすぐに終わってしまって、子どもにしてみれば「もう終わっちゃった！　俺天才かも！」……とまあ、それくらいでちょうどいいというわけです。

親が勉強のお膳立てをして、子どもには気持ち良く勉強させてあげる。毎日知らず知らずのうちに勉強ができてしまって、そのうちに、自分から学習する習慣が身につくのです。

準備の5要素

ここからは、学習の習慣化に必要な5つの要素をご紹介します。

5つの要素と言うと、毎回それを整えなければいけないのか、大変！　と思われるかもしれませんが、そうではありません。1回「こうする！」ということについて決めてしまえば、後はルーティーンとして、毎回同様に行えば良いものです。最初だけ、以下の5つについて、しっかりと準備をしてください。

1、何を学習するかを決める（WHAT）

まずは「何をどのくらい勉強するのか」を決めましょう。

何を勉強するか、ということは、どの教科の、どんな力を伸ばしたいか、ということに直結しています。漢字が弱いから伸ばしたい、という場合は、漢字の練習をすれば良いわけですし、計算ミスを減らしたいのであれば、計算のトレーニングをすることになります。

しかし、この決定を子どもだけに委ねると、「漢字ができるようになりたい」と言うものの、いざ漢字を勉強しているのか聞くと「していない」と答える……というケースがかなり見られます。当然気持ちだけがあっても、行動をしなければできるようにはなりません。行き先を決めずに歩いても、どこにも行けない！　という結果になりますので、ここは親が介入し、何を勉強するかを決定してください。目的に合わせた行動にしていきましょう。

2、いつ学習するかを決める（WHEN）

次は、いつ学習するか。学習を日課にする、日課に取り入れる、ということが必要です。

新しい習慣を習慣化しやすくする方法は「すでに日課になっているものの前後にくっつける」です。例えば、朝起きてから朝食を食べるまでのタイミング。あるいは、帰宅してから夕食を食べるまで、など、何かしらの決まったタイミングで常に行うことが、習慣化するコツでもあります。

習慣化さえできれば、そのタイミングは基本的にいつでも良いのですが、「避けたほうが良いタイミング」というものもあります。それは、食後すぐと、入浴後すぐのタイミングです。

食後すぐの時間というのは、食べたものを消化するために、血液が胃に集中します。したがって頭は疎かになり、ぼーっとしてしまいやすいのです。試しに大人でも、食後すぐに本を読んでみてください。十中八九、全然頭に入ってこない！　という状態を体験することができるでしょう。

実際に「夕食後を勉強タイムにしているのだけれども、いつもグダグダしてしまって、非常に険悪になるのですが……」というご相談をいただくこともあります。頭が回らない状態で勉強を始めても進みませんし、進まないことにイライラしてしまうこともあります。同様に入浴後すぐのタイミングも、血液が全身を巡っている時間帯。食事を摂って、あるいはお風呂から上がって15～30分くらいは、勉強までの時間を空けるのが理想的です。

また学習を始める際に、何か「勉強が始まるよ」という合図があると、学習に入っていきやすくなります。小学校によっては、自主性を育むことを目的としてチャイムがない学校もありますが、チャイムが鳴ることによって、子どもたちは「これから勉強なんだ」と意識をすることができるのです。

実はアニメなども全く同じで、オープニングテーマが流れるのを契機に、子どもたちは集まってその世界に没頭する。そして、エンディングテーマが流れてそれが終わりになります。別に無くてもいいようにも思えますが、実は、始まりと終わりの合図という意味があるのです。

家庭においても、子どもが勉強をなかなか始められないようであれば、決まった時間にタイマーを設定したり、何かの音楽をかけたりすることで、圧倒的に勉強のスイッチを入れやすくなります。この音が鳴ったら勉強が始まるよ、という合図があると良いでしょう。

3、学習用具を整える（文房具編）（What to use）

私は今まで３４８６組以上の親子を見てきていますが、その中で「勉強が得意な子は、そうでない子に比べて、使っている文房具が整っている」という現実があります。勉強が得意な子は、どういうものを揃えるか、ということはもちろん、それらを「どう使うか」まで実によく考えているのです。

学年によって文房具を選ぶポイントはいくつかありますが、今回はどの学年でも使える、私のおすすめを一つご紹介したいと思います。

それが「下敷き」です。下敷きは使わない……と言う子どももいますが、私は二つの理由から使うことをおすすめしています。まずは早く書いても字が上手に書ける、ということ。それに、もう一つ。付箋代わりになる、ということです。

普段使っている問題集に下敷きを挟んでおくと良いでしょう。勉強が苦手な子は大抵、「今日はどこから勉強をやったらいいのかな？」と探すことに時間がかかります。

下敷きはちょうどその日印になるのです。勉強を始めてすぐにその日やるところを開けるのであれば、それだけで学習を始める時のストレスを軽減することができます。したがって、問題集ごとに1枚ずつ下敷きを入れておく、というのも一つです。

4、学習用具を整える（参考書・問題集編）（What to use）

学習用具の中でも、問題集選びは非常に重要です。
問題集を選ぶ最大のポイントは、「子どものレベルに合っているかどうか」ということ。「レベルに合った問題集」とは、子どもが8～9割正解することができる問題集を言います。

学習の習慣がついていない子どもの場合は、できない問題がいくつかあるだけでも嫌になってしまうことがあるため、100%正解できるような問題集から始めても良いくらいです。できた！　またできた！　という達成感を味わい、成功体験を重ねて、自己肯定感を高めていくことが、「もっとやってみたい」という楽しさややる気につながっていきます。

高校生くらいになって勉強に対する耐性がつき、やる気もあるし、その問題集の必要性についても理解できていれば、正解できる割合はもう少し低くなっても問題ありません。しかしそうでないうちは、10問あったら間違えるのが1～2問、直しもすぐに終わってしまう、というくらいに正答率が高いものを選ぶように留意してください。

中には、学校から「これをやってください」と配布されて問題集を選べないケースがありますが、そんな時は問題集の中身をよく見てみてください。問題集は、A問題、B問題、C問題、基本、標準、応用……といった具合に、段階ごとに作成されています。これらのうち、8～9割の正解が出せるレベルの問題を繰り返し解くようにしましょう。宿題であれば、最終的にすべての問題を解いて提出しなければいけないかもしれませんが、その中でも8～9割が正解できるレベルのところに一番力を入れて、繰り返し問題を解くことで、成績は上がりやすくなります。

例えば、跳び箱のことを考えてみてください。今、3段の跳び箱を100％跳べるとします。この時、4段を跳ぼうと思ったら50％しか跳べません。5段なら10％の確率です。このような状態なら、集中して4段の練習をするはずです。4段が100％跳べるようになった頃には、5段は自然と50％くらいの確率で跳べるようになっているはずです。以前は10回に1回しか跳べなかった5段が、一度の練習もせずに、2回に1回跳べるようになる、というわけです。

勉強もこれと同じ。A問題は100％解けます、B問題は8～9割正解します、C問題は1割しか解けません。という時であれば、1割しか解けないC問題に一所懸命に取り組むよりも、B問題を完璧にできるようになるまで繰り返し勉強したほうが、成績が上がりやすいのです。あと少しでできるようになること、次にできそうなことに取り組むことで、全く練習していない、さらに1歩先の応用問題もできるようになっていく、という仕組みになっています。

ところが、子ども自身はもちろん親も、1割しかできない部分があると気になります。ここが難しいから、なんとか攻略しなくちゃいけないと、難しい問題にばかり挑戦してしまう、させてしまう……。ところが、正解率が1割しかないということは、解説を読んでも分からないことが多く、ちょっとやそっと勉強したくらいでは、なかなか克服できません。結局、かけた時間の割には成績が上がらず、いつの間にか地道に段階を追って勉強してきた子どもたちが後ろから追い上げて、抜かしていってしまうことが少なくありません。

お子さんが真っ先に取り組むべき、「8～9割は解けている問題」というのは、実は「解説を読めば自分で理解できる問題」でもあります。ですから、このやり方なら「塾や家庭教師なしでも成績は上がる」わけなんですね。この問題がなんなくクリアできるようになった頃には、正解率が1割だった問題も「解説を読めばわかる」という状態にまでレベルアップしています。

Column

電子辞書より紙の辞書をおすすめする理由

高校生くらいになると、電子辞書を持っている子が増えたり、学校からも電子辞書を勧められたりするようになります。そういう時によく、「電子辞書と紙の辞書どちらが良いですか？」と聞かれることがあります。

結論から言うと、普段学習する時には紙の辞書の方を使うようにしてください。

理由は、「紙の辞書の方が速くひける」からです。

え⁉　電子辞書の方が速くひけるんじゃないの⁉　と思われる方もいらっしゃるかもしれません。確かに、慣れないうちは電子辞書を使った方が速いでしょう。しかし、何度もひき慣れてくると、電子辞書より紙の辞書をひく方が速くなるのです。

私がお会いした子で一番速く国語辞書をひいた子は、1秒位で目的の言葉を見つけることができました。普段から分からないことがあると辞書をひく癖があり、だいたいどこにどの言葉が載っているか、手が分かっている感じでした。その子は、国語が非常にできました。

ここまでとは言わないまでも、お子さんには10秒を切ることを目指してもらえたらと思います。これは私調べですが、辞書をひく速さと国語の偏差値は比例する傾向があります。

5、どこで学習するかを決める（WHERE）

学習する場所については、一概に「絶対ここがいい」と定めることができません。一人ひとり、住まいも環境も違い、また生活リズムなどの様々な要素が絡みますので、この本に書いてあることを参考にして、各自の環境の中で本人の性格を鑑み、一番やりやすい場所を選んであげてください。

とりわけ気を付けたいのは、小学生の子どもの学習場所です。低学年であれば特に、一人きりで個室に入って勉強をすると、効率が落ちるケースがよく見られます。一人でいることに慣れていないのもあって、壁のシミがウサギに見えて気になってしまったり、そのままつい空想の世界に行ってしまったりしがち。ですから、家族が横に付きっ切り……というほどでなくても良いですので、家族の気配、空気を感じられるような場所で勉強を始めるのがおすすめです。

なお、年齢が上がるに従って、心地良く感じる距離は徐々に離れていきます。中学生くらいになると、個室のほうがやりやすいと感じる子どもが多いでしょう。

ここで一つ、注意しておきたいことがあります。それは、テレビやYouTubeなど、映像や音楽が刺激として入ってくるところで学習することの可否です。

勉強しているところでテレビやYouTubeがかかっていると、意識していなくても、その存在は目や耳に入ってきてしまいます。中学生で多いのが「自分は音楽を聴きながらやったほうが、勉強がはかどる」と言う子です。好きな音楽を聴きながら勉強をすると、確かにはかどるかもしれませんが、勉強が頭に残るわけではないのです。音楽、特に日本語の歌詞が入っている音楽は、どうしても脳が歌詞を拾ってしまうので、必然的に脳の反応がそれに使われます。その分、勉強の効率は半分に落ちてしまいます。それでも、どうしても音楽を聴きながら勉強をしたい子どもには「では、学習時間を倍にしてください」と言うこともあります。

ただし、中にはある程度の音を聴いていたほうが集中できる子どもがいるのも事実です。生活音や、最近は「集中できる音（音楽）」というものもあり、子どもに合わせた選択が必要になるでしょう。もちろん無音のほうが集中できるというケースもありますので、子どもの様子を見て決めていくといいですね。

また、いつも同じ場所で勉強するよりも、その日の気分で場所を決めたほうがテンションが上がる……という子どももいますので、その場合は、子どもに合わせて、臨機応変な場所づくりをしてください。

学習準備の５要素
WHAT 何を学習するかを決める
WHEN いつ学習するかを決める
What to use 学習用具を整える（文房具）
What to use 学習用具を整える（参考書問題集）
WHERE どこで学習するかを決める

第6章

95%の子に効く！
成績が上がるシンプルな学習方法

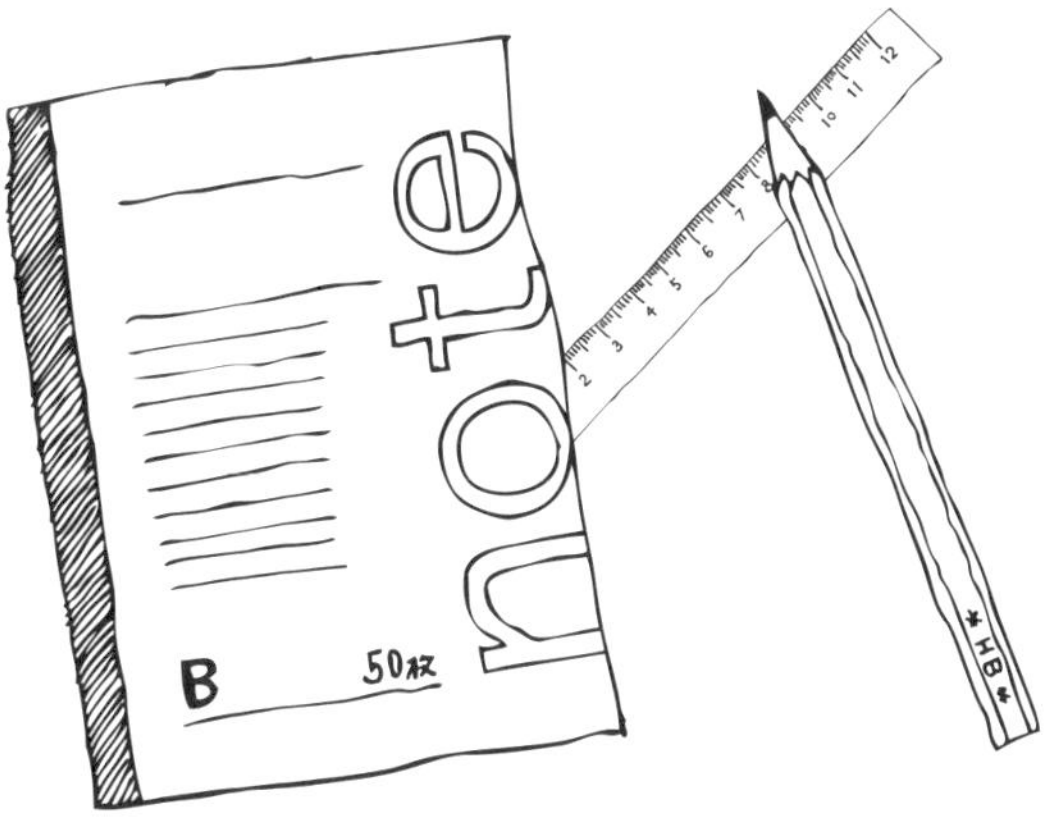

世の中には様々な学習方法がありますが、やっても、やっても成績が上がらないという経験をした方も多いはずです。しかし、効率が良く、脳の機能を充分に活かせるような学習方法を行っていくと、実に95％もの子どもが成績を上げることができるのです。

脳の機能を最大限に活かす

学習が得意になるためには、まず脳の機能について知り、それを最大限に活かすことが必要です。なぜなら、勉強というものは結局、脳がするものだからです。

では、脳の最大の役割とは、何でしょうか？　脳の最大の役割は、生きること、体を生かすことです。ですから、脳は基本的に、生きるために必要なことをやろうとします。

このことを前提に、記憶というものについて考えてみましょう。

記憶には、2種類あります。一つのことを長い間覚えておく「長期記憶」と、短い間しか覚えておくことのできない「短期記憶」です。

私たちは、1日の間でたくさんのことを記憶しますが、その中で長く覚えておくことができるものは非常に限られています。大半はすぐに忘れてしまうそうです。この「忘れる」ということも実は非常に大切です。嫌なこと、どうでも良いことまでずっと覚えているということは、それはそれでしんどいはずです。

一度は短期記憶として記憶した様々なことの中から、生きるのに必要な情報だけを長期記憶として保存するわけですが、その判断を下すのが、海馬という部分です。脳の真ん中にあるタツノオトシゴのような形をしている海馬が、これは大事だ、これはいらない、ということを仕分けする役割を担っています。

ところが、学校で習うことや、受験のための勉強のうちのほとんどは、残念ながら生きることには直結しません。平城京が何年にできたとか、植木算の解き方とか、そういったことは別に知らなくたって死なないわけです。つまり勉強とは、本来は生きるために必要のないものを、「これは生きるために大事なのだ」というふうに海馬を騙すことによって、長期記憶にする行為に他なりません。

従って、学習が得意になるためには、海馬を上手に騙すことが必要なのです。

それでは、何をどのようにしたら、一見して生きるために大切ではないことを、海馬が「これは生きるために大事なことだ」と判断してくれるようになるのでしょうか。

例えば、先生が面白いやり方で教えてくれたことは、記憶に残りやすいと感じたことがないでしょうか。これは、心地よさや笑いとともに教わったものは記憶に残りやすい、ということのあらわれです。笑うことは心地良

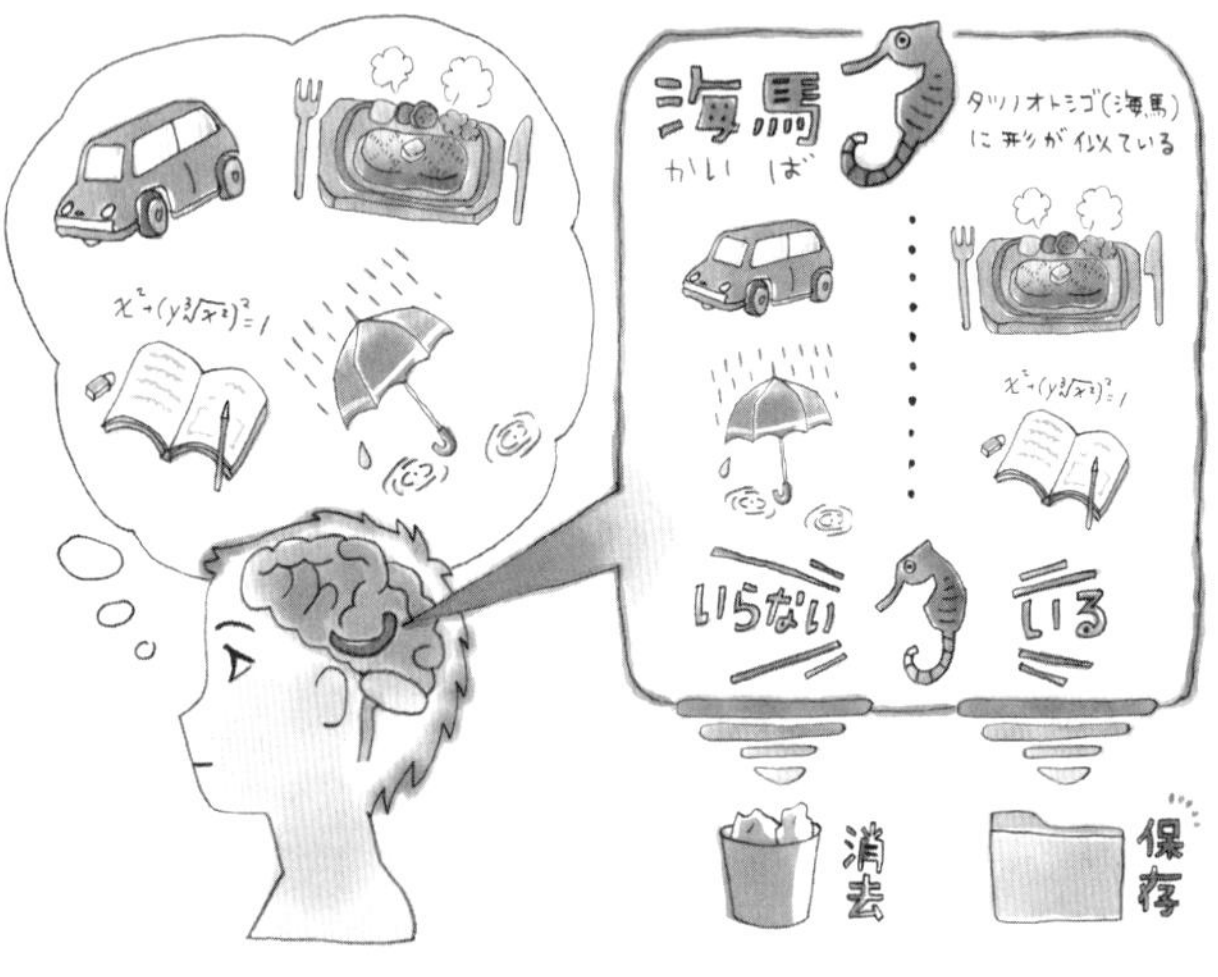

い、体にいいことなので、ああこれは体にいいのだと思って記憶に残るというメカニズムになっています。

他には、衝撃とともに覚える、ショッキングな出来事だったから印象に残る、ということもあります。代表的なものが「トラウマ」です。トラウマというのは、嫌なことではありますが、忘れたくても忘れられない出来事という意味で長く記憶に残っていきます。なぜかというと、そのショックを脳としては、生死の境に匹敵するものとして捉えているからです。

復習はタイミング

こんなふうに、ものごとを覚える方法はいろいろあるのですけれど、今回は一番シンプルで誰でもできるやり方をお伝えしましょう。

それは、何回も見たり、やったりする、ということです。

何度も、見たりやったりしていることについては、脳が「これはしょっちゅう見るし、しょっちゅうやっているから、きっと生きていくために大事なんだ！」と判断するようになります。
実は歯磨きをすることや、父親の顔、母親の顔というようなものも、何回も繰り返しやったり、見たりしているうちに、歯磨きは生きていく上で必要なんだ、とか、この人は生きていくために大事な人なんだ……ということで脳にインプットされているんです。ですから、何回も見る、何回もやる、ということは、勉強ができるようになる一番シンプルな方法なのです。

そうです、皆さんよくご存知の「復習」ですね。

これは親が子どもによく言うことでもありますし、実際に自分も言われたという方も多いでしょう。復習は、脳を騙して長期記憶にするための最もシンプルで効率的な方法なのです。
そんなことは聞き飽きたよ！　という方も多いかもしれませんが、意外と知られていない事実をご存じでしょうか。

復習の効果を教えてくれるものに、「エビングハウスの忘却曲線」というグラフがあります。ドイツの心理学者であったエビングハウスが、人はどれくらいの時間が経過すると覚えたことを忘れてしまうのか、という実験を行った結果が表されています。この実験結果によると、一度覚えたことでも、24時間後には25%ほどしか記憶には残っていないことがわかります。

実は復習において一番大切なのは、タイミングだったのです。もし皆さんの中で、復習をしても勉強したことが身につかなかった、などという経験があるようでしたら、それはタイミングを間違えてしまったことが原因かもしれません。

「勉強しているのに点数が上がらないんです」

というのは、よくあるお悩みです。そういう子どもに「どうやって勉強しているの？」と聞いてみると、大抵、復習のタイミングを誤っているのです。

学校や塾の授業はちゃんと受けている。受けた時は、授業の内容も理解している、問題も解ける。しかしその後、すぐに復習をしていません。

テスト前になって慌てて復習をし始めますが、既に大半忘れてしまっていますので、全部思い出すことはできません。さらにテストが終わると、きれいさっぱりと忘れてしまう。毎回がその繰り返し……。

このような勉強方法をしている子どもが、中学生で7～8割を占めています。これでも取りあえずテストではそこそこの点数が取れることも多く、親も問題に気付かないケースがあるのです。

ところが積み重ねの教科だと、やはり少しずつ、少しずつ、点数が下がっていく。入試ともなれば、テストに出される範囲は習ったところすべてです。全部覚えておかなければいけないわけですから、到底一夜漬けででき

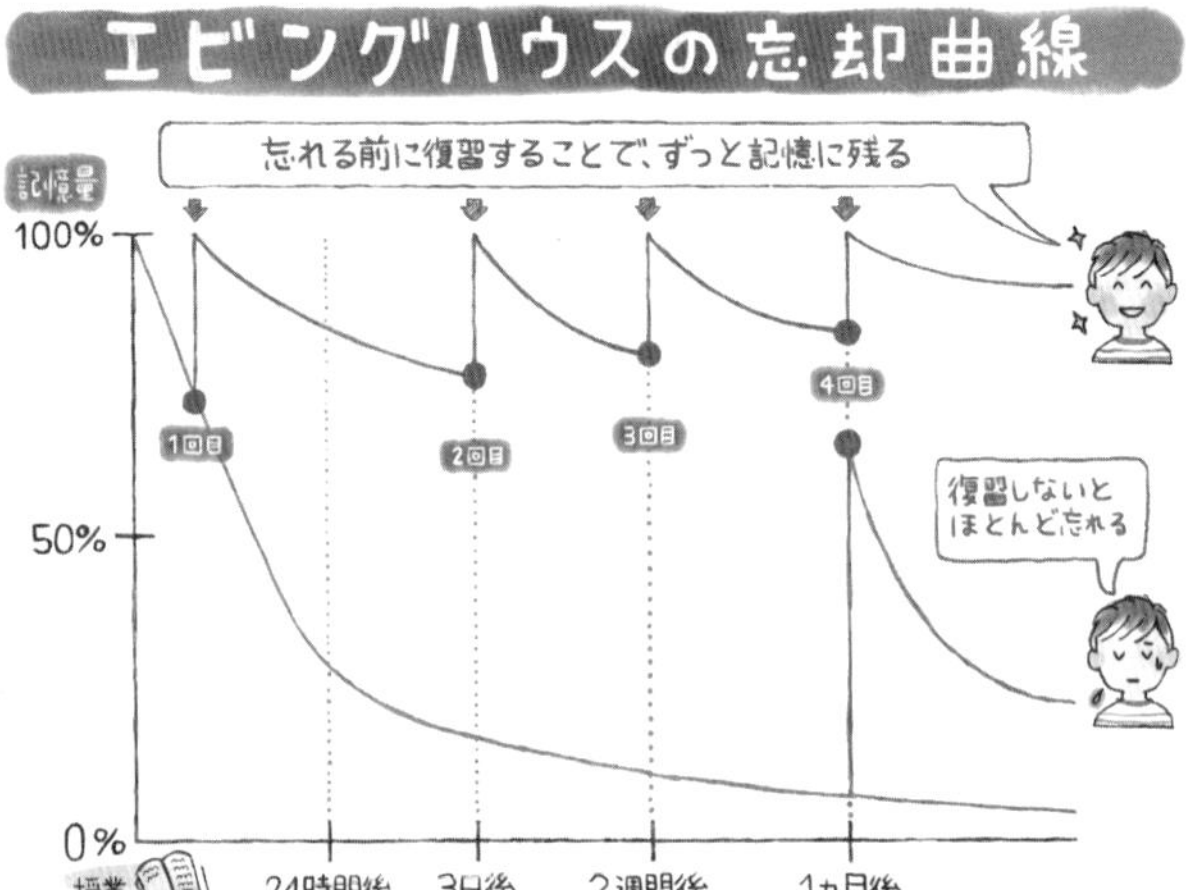

る量ではありません。結局、このやり方では受験に対応することが非常に難しい、ということになってしまいます。

ですからまずは、忘れる前に復習をする！　ということを心がけてみましょう。先ほど触れたとおり、24時間が経過してしまうと、覚えている量は学んだ量の20〜30％になります。したがって最も大切なのは「1回目の復習は、学校や塾で習ったその日のうち、寝る前までに行う」ということです。

私はそれまで全く復習をしていなかった子どもにも「とにかくその日のうちに復習をすることだけは、まずやろう」と指導しています。さらに翌日や翌々日にも復習することが望ましいですが、ちゃんと覚えていられるタイプの子どもであれば、飛ばしても構いません（近日中にテストがあるような場合は、こまめに復習をやっておくと効果的です）。

そして、次の復習のタイミングを週末であったり、その単元が終わった後であったり、あるいはテストの前、長期休暇……といったように、1回目の復習と、その次の復習までの間隔を少しずつ伸ばしながら、続けていきます。

復習するにあたってのもう一つのポイントは、1回1回に時間をかけない、ということです。復習をすることが好きだという子はあまりいません。1回やったことや見たことを、もう1回やるというのは子どもたちにとって退屈なことなのです。そこで、できるだけ短い時間で、子ども自身のストレスにならないように行うことが重要になります。

復習で大切なのは、とにかくタイミング、そして頻度です。例えば月に1回、1時間の勉強よりも、1日1分の勉強を30日続けた方が記憶に残ります。できるだけ数多く脳に見せておけば、それだけで効果があります。短い時間で継続させることがポイントなのです。

多くの人が勘違いをしている、予習の仕方

学習効率を最大限にするコツは、何といっても「授業を中心に学習を組み立てる」

ということです。学校や塾における授業時間は、誰にとっても平等にもたらされているものですので、この二度と戻ってこない授業の効率を最大化するということが非常に効果的だと言えます。

授業の効率とは、授業の理解度です。これを上げるためにできることはいろいろありますが、シンプルで一番やりやすいのは「予習」です。

先ほど、復習が重要ですよ、とお話した時に「エビングハウスの忘却曲線」というものがある、これによれば授業終了時に覚えていたものも24時間後には25%ほどしか記憶されていない、とご紹介しましたが、これはあくまでも授業の理解度が１００%だった場合の話になります。つまり、そもそも授業の理解度が50%だった場合は、どれだけ復習をしたとしても50%よりも上の記憶を確保することは難しい、ということになってしまうのです。

もしお子さんが、授業の理解度が１００%ではないということであれば、まずは予習をして授業の理解度を１００%に近づけることで、成績は上がりやすくなります（逆に、今の時点で、予習をしなくても100%授業が理解できている場合であれば、予習よりも復習を一所懸命に行うほうが、成績は上がりやすいです)。

さて、予習の具体的な方法はというと、それほど難しいことではありません。ひとことで言えば「教科書をざっと読む」というだけです。読む時は、声に出してもいいですし、出さなくても構いません。

ただしポイントが二つありますので、押さえておいてください。一つは、何をやるかという全体像を把握する。ざっくり「次の授業では、こんなことをやるんだ」と知っておくということですね。もう一つは、わからないところを明確にしておく。読みながら「これは何かな？　よくわからないな」というところに、印をつけておくのがおすすめです。

学校の授業は、1日に5~6時間あります。塾の場合は学校が終わってからですので、子どもたちはヘトヘトの状態で塾へ行っているのが実情です。したがって、これらすべての授業を集中して聞く……というのは、本来、無理なことなのです。

しかし、先生や塾が大事なところを話していたり、自分がよく分かっていないところを話していたりして、もしもそれを聞き逃してしまったら、二度とその時間は戻ってこないですよね。

予習の目的は、「ここだけは聞いてこよう！」という当たりをつけるということにあります。またこれができていると、もしも授業がよく分からなかった場合も、先生に質問をして解決することもできるのです。

時折「予習をしましょう」と言うと、予習をやりすぎる子どももいます。つまり、予習で100%を理解しようとしてしまうのです。しかし、予習で100%理解する必要はありません。授業で100%完成すれば良いわけですから、「ここを授業で聞いてこよう」というところをチェックするだけにしてください。もしも予習の段階で100%理解してしまえるなら、授業は必要ありません。

ざっと教科書を読んで印をつけるだけですから、1回の授業だと、5分もあれば良いのではないでしょうか。学校の授業だけではなく、塾に行く場合も要領は同じです。塾や先生の方針で「予習はしないでください」といわれるケースもありますが、それでも「授業だけでは理解が追いつかない」という場合は、テキストをざっと読んで、分からないところに印をつけておくと、授業時間を最大限に効率良く過ごすことができます。

ただし、小学校低学年くらいの年齢の子どもは、予習をやっていくと授業中に「あーそれ、知ってる知ってる」となってしまい、授業をちゃんと聞かなかったり、時に「先生、そんなこと知ってるよ」と授業妨害をしてしまうことがあります。ごくまれに、予習をやってはいけないケースがある、ということです。

これは案外やってみないとわからないもので、授業をどれくらい理解できているか親がこまめに見てあげて、授業を受けるだけでは理解できていないようであれば、予習も併用していく形を取るのがいいでしょう。

中学生になると、基本的には予習をしていったほうがいいものであると考えてください。小学校の授業には、実は、予習にあたるような導入の部分が存在しています。しかし中学校以降では、導入部分がそぎ落とされた状態で授業がスタートするので、自分自身で予習をしていく必要が生じます。

予習の方法としては先ほど触れたとおりで、軽く教科書に目を通し、予習の時点で分からないところや、重要なところを、授業中に先生から聞けるようにチェックしておきます。そして授業を聞いてノートを取る、分からなかったら質問をする、という形にしていきましょう。

中には「授業中にノートを取りきれない」という子どもがいます。頑張ってノートを取ると、授業を聞けない。授業を聞いているとノートが取れない、というケースです。このような子どもは、予習の段階で少し、ノートを書いていくのが効果的です。ページやタイトル、大事なところだけでも、あらかじめメモをしておくと、授業中にノートを取ることが楽になります。

予習と復習、どちらをやりますか？

ここまで、予習と復習の話をしてきました。

授業の理解度が100％ではないのであれば、まず予習をすること、授業が100％理解できているなら、復習を中心に学習を進めることが成績向上の近道です。

ではここで、皆さんに、「皆さんのお子さんは予習と復習、どちらを優先すべきだと思いますか？」という質問を投げさせてもらいます。

教科ごとにも違うと思います。国語はどうかな、算数（数学）はどうかな、と考えてみてください。

いかがですか？

もし皆さんが、「あー、うちの子は国語は予習で、算数は復習だな」とパッと思いついて、「予習はこうやったら良いな、復習はこれを使ってこのタイミングでこんなふうにやってもらおう」とパッと思いつくのであれば、まずそれをやってみてください。もし思いつかないのであれば、専門家（学校の先生、塾の先生でも良いでしょう）

と相談してみるのもよいでしょう。

もしくは、どの教科を予習したら良いのか、どの教科を復習したら良いのかイメージすらつかないのであれば、お子さんの学習に対する感度が低いと言わざるを得ません。そういう場合は、まずお子さんがちゃんと理解して帰ってきてるのかな？　と観察するところから始めてみてくださいね。

理解できているかどうかは、10歳くらいまでの場合であれば、保護者の方が把握しておいてください。それ以上の年齢のお子さんは、本人が把握できていれば大丈夫です。

あとがき

毎年、たくさんの子育て本、学習に関する本が出版されています。私自身も職業柄、できる限りそういった本に目を通すようにしているのですが、どの本にも素晴らしいことばかり書かれています。「この通りにやれば、確かにうまくいくよね」「そうそう、そうなんだよね」そんな風に思うことが実にたくさん詰まっています。

しかし、当たり前と言えば当たり前のことですが、ただ本を読んだだけで、わが子が勝手に勉強するようになることはまずありません。

では、そこに書いてあるような、効率の良い学習習慣を身につけるには一体どうしたらよいのでしょうか？

それは、本を読んだ後の行動にかかっています。①読んだ本の中からわが子に必要なことを選ぶ、②具体化して実践し、習慣化する、③結果を踏まえてＰＤＣＡを回す。ここまでできて初めて、本の内容をうまく活かせるようになるのです。

特に本書にはその一部を試してみるだけでも、何かしらの成果が出る手法を書きました。せっかくここまで読んでくださった皆さんには、ぜひあと一歩、「実践する」というところへ踏み出していただけたらと思います。

そして、もし成果が出たら、実践された内容と一緒にお知らせくださると嬉しいです！（お知らせ先はあとがきの最後にあります）

私の励みにもなりますし、お子さんの学習や親子のコミュニケーションで悩む多くの保護者の方の救いにもなるからです。

2年前に私が始めた「おうち受験コーチング」というサービスは、「一組一組の親子に徹底的に向き合い、伴走する」ことを大切に、基本はマンツーマンスタイルで実施しています。コロナ禍の中で多くの方から求められ、最近では、毎月のオンラインセミナーも常に満席の状態が続くようになりました。

本来のスタイルを貫きつつ、より多くの方にサービスをお届けできるよう、今年から受験コーチング協会を立ち上げ、同じ思いで学び、活動してくれるコーチの育成と活動支援も行っています。この協会もまた、口コミでたくさんの方が学びに来てくださっています。

私たち受験コーチが目指しているのは、一人ひとりの才能を最大限に引き出すこと、そして、生涯にわたって成長し続ける、「自立した学習者」を育てることです。それは、私自身がこれまで家庭教師・塾業界にいて「一番難しい」けれども「一番大切だ」と感じていた部分です。

この「自立した学習者」を育てることは、2020年からの教育改革で、今まさに日本中の学校が取り組んでいるテーマでもあります。常に学び続け、自ら思考し、判断し、表現する「自立した学習者」は、変化の激しい社会、AIが人の仕事を代替していく社会において必要不可欠な存在となるからです。

もし皆さんがお子さんに対して「とにかく、言われたことだけやって、最低限の生活ができれば良い」とお考えであれば、自立した学習者を育てる必要はないかもしれません。しかし、AIに操られる側ではなく、AIを使いこなす側に、もしくはAIにはできない仕事をできる人になってほしいとお考えであれば、最優先で育てるべきスキルだと思います。

ありがたいことに、私が20年の試行錯誤のもとに開発したプログラムで学習したお子さんたちの95％以上が「自律的に学ぶ姿勢」を手にしています。この達成率は塾業界では異常に高い数値で、私は少しだけここに誇りを持っています。

そして、プログラムの内容のみならず、このような成果が出せている一番の理由は、親御さんとお子さんの双方に学んでいただいていることにあると思っています。親子が二人三脚でやっていくからこそ、飛躍的な成果を出すことに成功しているのです。

子どもの教育に与える影響は、学校が1割、家庭が9割とも言われます。社会も、学校教育も変わりつつある中で、子どもの教育に9割の責任を持つ家庭が、そして子どもの導き手である保護者自らが学び続けなければ、子どもは変わりません。自分が受けた教育だけを子どもに押しつけているのでは、これからの社会を生き抜く、強くしなやかな人を育てることはできないのです。

新しい時代の家庭教育を支えるのは、コーチングです。お母さん・お父さんがコーチング的な考え方を取り入れ実践することにより、親子関係はもとより、わが子の成長、さらにご自身の成長と豊かな人生がその先に待っています。

「受験」というのは、自分の学び方・在り方について真剣に考え、答えを出していくことができる、万人に開かれた貴重な体験です。今の日本においては、大人になるための通過儀礼といっても過言ではないと思っています。そのような貴重な体験を、親子で楽しみながら乗り越えてほしい。受験に翻弄されるのではなく、受験をうまく使って自らを高めてほしい、そのための方法を、私はこれからも発信し続けていきたいと思っています。

最後に本書の大半は、私の講義内容をベースとして作りました。講義データの文字起こしを手伝ってくださった皆さん、文字起こしデータから文章の体裁を整えてくださった「あん茉莉安」さん、みらいパブリッシングのとうのさん他、かかわってくださった皆さま、本当にありがとうございました。そして、私がついつい自分の好きなことに没頭してしまうのを、いつも温かく見守り応援してくれている家族に、感謝を述べたいと思います。いつも本当にありがとう。

最後までお読みくださり、本当にありがとうございます。よろしければ、書籍の感想、お悩み・お困りごとのご相談、実践してみての成果のご報告がございましたら、こちら（https://bit.ly/3vG8tuY）にお寄せくださいますと幸いです。

https://bit.ly/3vG8tuY

皆さんとお子さんたちの人生が幸せで満ち溢れますように、これからも応援しています。

鈴木詩織

鈴木 詩織（すずき しおり）

親子向け受験コーチ。お茶の水女子大学大学院修士課程修了
愛知県在住。2児の母。学生時代より家庭教師・個別指導塾講師にたずさわり、その後も12年間学習コンサルタントを務める。3,486家庭を訪問し、勉強が苦手な子どもたちに学習習慣を身につけ、志望校に合格させる。2019年には、子どもの主体性を引き出し、自ら学び・成長する子どもを育てる日本初のプログラムを開発。1,700組の親子をイベントへ動員。3ヶ月プログラムを受けた90名以上の受講生の95%以上が、学習習慣づけと成績UPに成功（2021年7月現在）。2021年2月に受験コーチング協会設立。「自ら学ぶ子どもを育てる」コーチの育成にも力を注いでいる。
日本エニアグラム学会アドバイザー、アカデミック・コーチング学会会員。

3486人《にん》のやる気《き》を上《あ》げた
受験《じゅけん》のプロしおり先生直伝《せんせいじきでん》
おうち受験《じゅけん》コーチング

2021年 9月21日　初版第1刷
2021年11月22日　初版第2刷

著　者／鈴木詩織《すずきしおり》
発行人／松崎義行
発　行／みらいパブリッシング
〒166-0003 東京都杉並区高円寺南4-26-12 福丸ビル6F
TEL 03-5913-8611　FAX 03-5913-8011
http://miraipub.jp　E-mail: info@miraipub.jp
企　画／田中英子
編　集／とうのあつこ
ブックデザイン／池田麻理子
発　売／星雲社（共同出版社・流通責任出版社）
〒112-0005 東京都文京区水道1-3-30
TEL 03-3868-3275　FAX 03-3868-6588
印刷・製本／株式会社上野印刷所

ISBN978-4-434-29459-4 C0037